文部科学省後援
実用フランス語技能検定試験

2016年度版 5級
仏検公式ガイドブック
傾向と対策＋実施問題

フランス語教育振興協会編

公益財団法人　フランス語教育振興協会

まえがき

　グローバル化の 21 世紀といわれますが、世界から孤立せず、世界と対話し、平和で豊かな未来を切り拓くためには、今こそ多くの日本人がさまざまな外国語をマスターしていくことが大切です。多言語・多文化の世界でお互いを尊重しながら共生を目指すことが要請される現代において、英語一辺倒の方針では限界があるのは明らかでしょう。
　その中でもフランス語は、フランスだけでなく、多数の国々や地域で話され、また、国連をはじめとする国際機関で使われている重要な公用語のひとつです。さらに、フランス語は、人類にとって普遍的な価値や独創的な文化を担ってきた言語でもあります。2020 年には東京でオリンピック・パラリンピックが開催されますが、フランス語は第一公用語です。開会式では、開催国の言語のほか英語とフランス語で出場国が紹介されますが、その際、最初に流れるのはフランス語なのです。また東京オリンピックには、フランス語圏から多くの選手や関係者それに観光客が訪れることになります。これを機会にフランス語を勉強し、フランス語でコミュニケーションを試みてみましょう。かならずや多くの貴重な体験が得られるはずです。
　今日、フランスの企業が次々に日本に進出してくる一方、日本の企業もフランス語圏に広く展開しています。トヨタやユニクロ、無印良品のフランス進出、日産とルノーの提携などはその典型的な例です。いまや英語はあたりまえとされるビジネスの世界で、さらにフランス語も使いこなせるとなれば、チャンスがさらに広がることはまちがいないでしょう。フランス語をマスターしてアフリカ諸国で国際協力、援助活動に従事している人々も少なくありません。また、フランス語を学び使いこなせるようになることは、自分の人生をより豊かに生きる道につながっています。
　日本の学習者を対象とし、文部科学省とフランス大使館文化部の後援を受けて、1981 年以来実施されている「仏検」は、フランス語を聞き・話し・読み・書く能力をバランスよく客観的に評価する検定試験として、ますます高い評価を受けています。1 級・準 1 級・2 級・準 2 級・3 級・4 級・5 級の 7 段階を合わせて毎年約 3 万人が受験しています。また、大学の単位認定や編入学試験、大学院入試等に利用されるケースも多くなっています（多数の学生が受験している学校のリストが巻末にありますので、ご参照くださ

い)。

　本書は、5級の傾向と対策を解説した第1部と、2015年度春季・秋季に実施した仏検の問題、およびそれにくわしくていねいな解説・解答を付した第2部とから成る公式ガイドブックです。聞き取り試験のCDが付いています。本書をフランス語の実力アップと仏検合格のために、どうぞご活用ください。

　なお、本書全体の監修ならびに第1部の執筆は荒木善太が担当し、第2部の解説は中村敦子が執筆しています。

　2016年3月

　　　　　　　　　　　　　　公益財団法人　フランス語教育振興協会

目　　次

まえがき ……………………………………………………………… 3
実用フランス語技能検定試験実施要領 …………………………… 6
2015 年度仏検受験状況 ……………………………………………… 8
5 級の内容と程度 …………………………………………………… 9
5 級解答用紙（雛形）……………………………………………… 10

第 1 部　5 級の傾向と対策 ……………………………………… 11
第 2 部　2015 年度　問題と解説・解答 ……………………… 109
　　2015 年度　春季出題内容のあらまし …………………… 110
　　　筆記試験・聞き取り試験 ………………………………… 111
　　　総評 ………………………………………………………… 124
　　　解説・解答 ………………………………………………… 126
　　2015 年度　秋季出題内容のあらまし …………………… 143
　　　筆記試験・聞き取り試験 ………………………………… 145
　　　総評 ………………………………………………………… 158
　　　解説・解答 ………………………………………………… 160

学校別受験者数一覧 ……………………………………………… 176

実用フランス語技能検定試験　実施要領

　実用フランス語技能検定試験（仏検）は、年2回、春季（1次試験6月・2次試験7月）と秋季（1次試験11月・2次試験1月）に実施しております。ただし、1級は春季のみ、準1級は秋季のみの実施です。
　2次試験は1級・準1級・2級・準2級の1次試験合格者が対象です。なお、隣り合う2つの級まで併願が可能です。
　また、出願の受付期間は、通常、春季は4月から5月中旬、秋季は9月から10月中旬です。

◆各級の内容
　1級　　　《1次》　筆記試験（記述式・客観形式併用）120分
　（春季のみ）　　　　　　書き取り・聞き取り試験　約40分
　　　　　　《2次》　面接試験　約9分
　準1級　　《1次》　筆記試験（記述式・客観形式併用）100分
　（秋季のみ）　　　　　　書き取り・聞き取り試験　約35分
　　　　　　《2次》　面接試験　約7分
　2級　　　《1次》　筆記試験（記述式・客観形式併用）90分
　　　　　　　　　　書き取り・聞き取り試験　約35分
　　　　　　《2次》　面接試験　約5分
　準2級　　《1次》　筆記試験（記述式・客観形式併用）75分
　　　　　　　　　　書き取り・聞き取り試験　約25分
　　　　　　《2次》　面接試験　約5分
　3級　　　筆記試験（客観形式・記述式）60分
　　　　　　聞き取り試験　約15分
　4級　　　筆記試験（客観形式）45分
　　　　　　聞き取り試験　約15分
　5級　　　筆記試験（客観形式）30分
　　　　　　聞き取り試験　約15分

◆受験地（2015年度秋季）
　1次試験　　札幌、弘前、盛岡、仙台、秋田、福島、水戸、宇都宮、群馬、
　　　　　　草加、千葉、東京、横浜、新潟、金沢、甲府、松本、岐阜、
　　　　　　静岡、三島、名古屋、京都、大阪、西宮、奈良、鳥取、松江、

	岡山、広島、高松、松山、福岡、長崎、熊本、別府、宮崎、鹿児島、西原町（沖縄県）、パリ
2次試験	札幌、盛岡、仙台、群馬、東京、新潟、金沢、静岡、名古屋、京都、大阪、松江、岡山、広島、高松、福岡、長崎、熊本、西原町、パリ

＊上記の受験地は、季ごとに変更となる可能性があります。また、会場によって実施される級がことなる場合がありますので、くわしくは、最新の仏検受験要項・願書またはAPEFのホームページをご覧ください。

＊最終的な受験地・試験会場の詳細は、受験票の記載をご確認ください。

◆出願方法　下記の2つの方法からお選びください
1．**インターネット申込**：詳細はAPEFのホームページをご覧ください。
2．**郵送申込**：受験要項・願書を入手→検定料納入→願書提出、の順でお手続きください。
　　＊全国の仏検特約書店・大学生協では願書・要項を配布、あわせて検定料の納入を受けつけております。
　　＊願書・要項は仏検事務局へ電話・E-mail等で請求なさるか、APEFホームページよりダウンロードして入手してください。

◆合否の判定とその通知
　級によりことなりますが、60～70％の得点率を目安に出題するように努めています。各級の合格基準は、審査委員会がさまざまな条件を総合的に判断して決定しています。
　結果通知には合否のほか、合格基準点、合格率とご本人の得点が記載されます。

◆お問い合わせ先

公益財団法人　フランス語教育振興協会　仏検事務局

〒102-0073　東京都千代田区九段北1-8-1　九段101ビル
（TEL）03-3230-1603　（FAX）03-3239-3157
（E-mail）dapf@apefdapf.org
（URL）http://www.apefdapf.org

2015年度仏検受験状況

級(季)	出願者数	1次試験 受験者数	1次試験 合格者数	1次試験 合格率	1次試験免除者数	2次試験 受験者数	2次試験 合格者数	最終合格率
1級	752名	675名	85名	12.6%	8名	93名	77名	11.3%
準1級	1,517名	1,259名	320名	25.4%	63名	361名	287名	22.1%
2級(春)	1,879名	1,612名	575名	35.7%	88名	630名	548名	32.9%
(秋)	2,001名	1,732名	618名	35.7%	60名	646名	548名	31.1%
準2級(春)	2,027名	1,697名	1,031名	60.8%	120名	1,106名	949名	53.6%
(秋)	2,218名	1,877名	1,173名	62.5%	98名	1,205名	1,039名	54.4%
3級(春)	3,105名	2,756名	1,816名	65.9%				
(秋)	3,347名	2,928名	1,750名	59.8%				
4級(春)	2,367名	2,113名	1,441名	68.2%				
(秋)	3,373名	3,052名	2,216名	72.6%				
5級(春)	1,704名	1,504名	1,271名	84.5%				
(秋)	2,623名	2,425名	2,144名	88.4%				

＊1級は春季のみ、準1級は秋季のみ

5級の内容と程度

程度
初歩的な日常的フランス語を理解し、読み、聞き、書くことができる。

標準学習時間：50時間（大学で週1回の授業なら1年間、週2回の授業なら半年間の学習に相当）。

試験内容

読　む	初歩的な単文の構成と文意の理解、短い初歩的な対話の理解。
聞　く	初歩的な文の聞き分け、あいさつ等日常的な応答表現の理解、数の聞き取り。
文法知識	初歩的な日常表現の単文を構成するのに必要な文法的知識。動詞としては、直説法現在、近接未来、近接過去、命令法の範囲内。

語彙：約550語

試験形式
1次試験のみ（100点）

筆　記	問題数7題、配点60点。試験時間30分。マークシート方式。
聞き取り	問題数4題、配点40点。試験時間15分。マークシート方式。

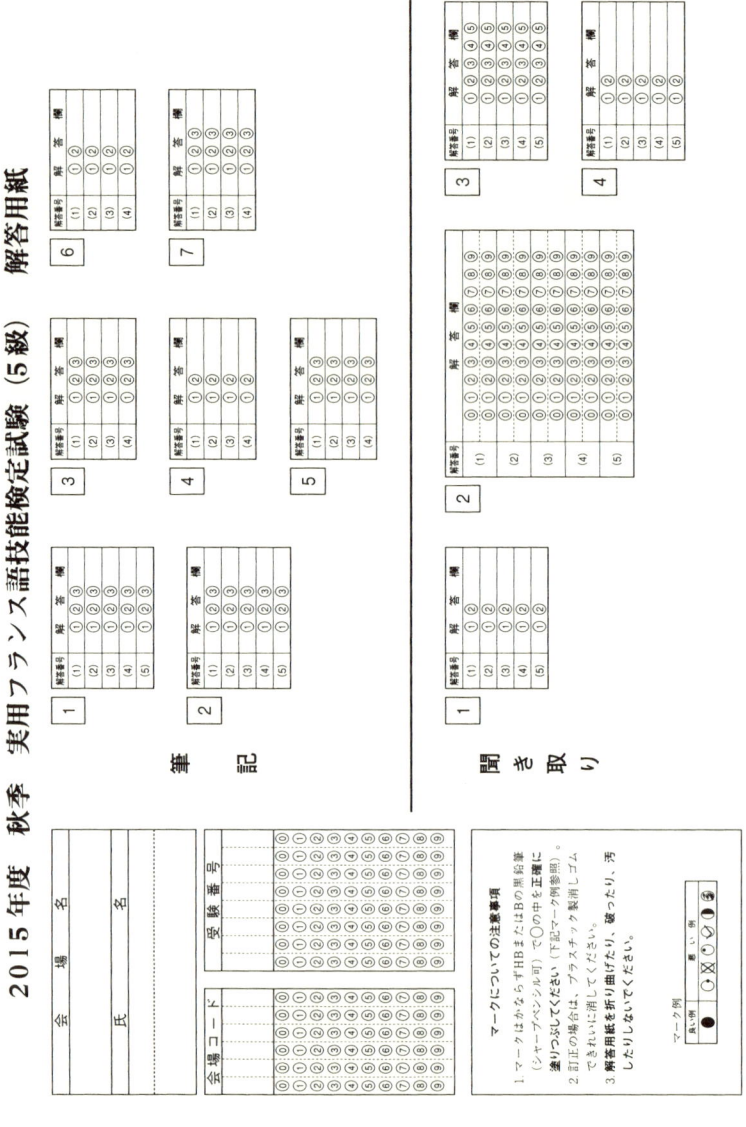

第1部
5級の傾向と対策

2016年度版5級仏検公式ガイドブック

5級の傾向と対策

　5級では、合格の基準を「初歩的な日常的フランス語を理解し、読み、聞き、書くことができる」と定めています。試験は筆記試験と聞き取り試験からなり、解答の方法は各問とも選択肢から番号で解答を選ぶマークシート方式です（聞き取り試験②番では、聞き取った数に対応するマークシートの番号を解答）。
　筆記試験・聞き取り試験の構成は次のとおりです。

　　筆記試験：7問／配点60点／試験時間30分
　　聞き取り試験：4問／配点40点／試験時間約15分

　5級の受験の目安となる標準学習時間は50時間程度です。これを大学の授業にあてはめると、週1回の授業では1年間、週2回の授業では半年程度の学習に相当します。

　出題の内容は、「日常使われる基礎的な文を構成するのに必要な文法知識」を問うもので、動詞の法・時制では、**近接未来・近接過去**をふくむ**直説法現在**と**命令法**が5級の出題の範囲になります。人称代名詞は主語と強勢形に限られ、目的語としての用法は出題されません。このほか形容詞と名詞・代名詞の性・数の一致や否定文、疑問文、語順などに関する基本的な知識が問われます。

　「読む」内容については、日常的な表現や応答文、初歩的な会話文についてその内容を読み取る力が、「聞く」内容については、同じく簡単な応答文や日常的な表現を用いた短文を聞いて、その内容を把握する力が問われます。また、1〜20までの数の聞き取りがあります。

　5級で出題される語彙の範囲は、『仏検公式基本語辞典 3級・4級・5級』（フランス語教育振興協会編、朝日出版社）*で第1レベル「5級に属する語」として示されている550語が基準になります。

＊本文中では『仏検公式基本語辞典』と略。ページ番号は初版第 3 刷（2015 年）による。

　以下、筆記試験、聞き取り試験の順に、問題ごとに傾向と対策を解説します。練習問題は過去 5 年間の実際の出題から選んでいます。

　なお、実際の試験の問題冊子の体裁は、第 2 部「2015 年度　問題と解説・解答」の春季および秋季の「出題内容のあらまし」のあとに、また問題別の配点一覧は各季の「解説・解答」の最後にかかげてあります。

発音の仮名表記については以下のようにしてあります。

1. 注意すべき個別の発音表記は、→の右の [　] のとおりです。
   [b] → [b ブ]
   [v] → [v ヴ]
   [l] → [l ル]
   [r] → [r る]
   [ɔ̃] → [ɔ̃ オン]
2. リエゾンやアンシェヌマンが起きているところは、下線が引いてあります。
   trois heures [trwɑzːœr トろワズーる]
   douze heures [duzːœr ドゥズーる]

筆　記　試　験

1 　名詞と結びつく**冠詞**と**指示形容詞・所有形容詞**に関する問題です。
(1)～(5)の各文の空欄にあてはまる冠詞または指示形容詞・所有形容詞を3つの選択肢から選んで解答します。(配点 10)

フランス語の冠詞には、**不定冠詞、部分冠詞、定冠詞**の3種類があります。それぞれの冠詞について、形と基本的な用法を確認しておきましょう。

	男性単数	女性単数	複数
不定冠詞	un	une	des
部分冠詞	du (de l')	de la (de l')	—
定冠詞	le (l')	la (l')	les

不定冠詞
☆数えられる名詞について、不特定の1つまたはいくつかを示す。「1つの（いくつかの）」、「1人の（何人かの）」の意。

部分冠詞
☆数えられない名詞（物質名詞・抽象名詞）を、不特定のものとして示す。「ある程度（の量）の」の意。
☆数えられる名詞について、その一部を示す。

定冠詞
☆既出の語や周知の話題など、特定されているものを示す。
☆1つしかないものを示す。
☆あるカテゴリーの全体を示す（総称）。

指示形容詞は「この」「その」「あの」のように、対象を取り立てて示す場合に用います。

	単数	複数
男性	ce (cet)	ces
女性	cette	

所有形容詞は、「私の」「彼女の」など、所有者を限定する意味で用いる形容詞です。

	男性単数	女性単数	複数
je	mon	ma (mon)	mes
tu	ton	ta (ton)	tes
il / elle	son	sa (son)	ses
nous	notre		nos
vous	votre		vos
ils / elles	leur		leurs

←（所有されるもの）

↑
（所有者）

　これらの冠詞、指示形容詞、所有形容詞は、上の表に示すように、あとに置かれる名詞の性・数に応じて、男性形と女性形、単数形と複数形を使い分けます（ただし部分冠詞には複数形はありません）。
　このうち、所有形容詞は、「私」や「彼」といった所有者ではなく、**所有されるもの**を示す名詞の性・数に応じて変化するので、注意が必要です。
　たとえば「私の本」は livre が単数であれば mon livre、複数の場合は mes livres となります。また、「彼の本」「彼女の本」はどちらも son livre（livre は男性名詞）、「彼の家」「彼女の家」はどちらも sa maison（maison は女性名詞）です。
　所有形容詞では、とくに男性形と女性形の使い分け（mon / ma「私の」、ton / ta「君の」、son / sa「彼（彼女）の」）がひんぱんに出題されており、十分に理解しておく必要があります。

　それでは、実際の出題例を見てみることにしましょう。

練習問題1

次の(1)〜(5)の(　　)内に入れるのにもっとも適切なものを、それぞれ①〜③のなかから1つずつ選び、解答欄のその番号にマークしてください。

(1) Anne a (　　) petite sœur.
　　① des　　② un　　③ une

(2) Il aime (　　) animaux.
　　① l'　　② le　　③ les

(3) Tu vois (　　) grand arbre ?
　　① ce　　② cet　　③ cette

(4) Voici (　　) adresse.
　　① sa　　② ses　　③ son

(5) Vous avez (　　) chance.
　　① de　　② de la　　③ des　　（10春）

解　説

(1) 不定冠詞の問題です。不定冠詞は単数の場合、男性名詞には un、女性名詞には une、男女とも複数名詞には des を用います。sœur は「姉」「妹」の意の女性名詞で、ここでは単数ですから、選択肢③ une が正解です。Anne a (une) petite sœur.「アンヌには妹が（1人）います」

この問題では、sœur の意味を知っていれば迷う必要はありませんが、仮に知らなくても、「小さい」という意味の形容詞 petit が女性形の petite になっていることから、sœur も女性名詞と判断することができます。

16

(2) 定冠詞の問題です。設問(1)の不定冠詞と同様、名詞の性・数による使い分けを考えてみましょう。定冠詞はあとにつづく名詞が男性単数であれば le、女性単数であれば la（ただし母音や無音の h で始まる語の前では男女とも l'）、複数の場合は les を用います。animaux は animal「動物」の複数形で、選択肢 ③ les が正解です。Il aime (les) animaux.「彼は動物が好きです」（この場合、定冠詞 les は「動物」を１つのカテゴリーとしてとらえ、その「すべて」を表わします）

　名詞の複数形は、一般には単数形の語尾に -s を付けますが、一部の名詞については cheveu → cheveux「髪」のように -x を用います。animal のように -al で終わる語は、多くの場合、語尾のつづりの一部を変えて -x を付け、-aux となります。

(3) 指示形容詞の問題です。「この」「その」「あの」の意味で用いる指示形容詞は、男性単数の場合は ce（母音または無音の h で始まる語の前では cet）、女性単数の場合は cette、複数の場合は ces を用います。ここでは形容詞 grand の形から arbre が男性名詞であることがわかり（女性名詞であれば形容詞も女性形の grande になるはずです）、単数ですから、選択肢 ① ce が正解です。Tu vois (ce) grand arbre ?「あの大きな木が見える？」

(4) 所有形容詞の問題です。「彼の」「彼女の」「その」のように、3 人称単数の所有者を示す場合、あとにつづく名詞が男性単数であれば son、女性単数であれば sa、男女とも複数の場合は ses を用いるのが原則です。ただし、女性単数名詞であっても、母音または無音の h で始まる語については son を用います（mon「私の」、ton「君の」の場合も同じです）。adresse「住所」は女性名詞ですが、母音で始まるため、sa ではなく son が用いられることに注意してください。Voici (son) adresse.「これが彼（彼女）の住所です」となり、③ が正解です。

(5) 数えられないものについて「ある程度の量」を示す部分冠詞は、この問題の chance「幸運」のような抽象名詞にも用いることができます。部分冠詞には複数形はなく、男性名詞の場合は du、女性名詞の場合は de la となります。この問題では chance の文法上の性が男性か女性かはわかりませんが、選択肢 ③ des は不定冠詞の複数形ですから複数名詞の前でしか用いられ

ず、また選択肢①deを入れても意味が通りませんから、②が正解です。avoir de la chance は、「運がいい」という意味の慣用表現です。Vous avez (de la) chance.「あなたは運がいい」

解 答 (1) ③　　(2) ③　　(3) ①　　(4) ③　　(5) ②

練習問題 2

次の (1)〜(5) の (　) 内に入れるのにもっとも適切なものを、それぞれ ①〜③ のなかから 1 つずつ選び、解答欄のその番号にマークしてください。

(1) Il est content de (　　) voiture noire.
　　① sa　　　② ses　　　③ son

(2) Je cherche (　　) jupe courte.
　　① des　　　② un　　　③ une

(3) Tu as encore (　　) argent ?
　　① de l'　　　② des　　　③ du

(4) Vous n'aimez pas (　　) cinéma japonais ?
　　① la　　　② le　　　③ les

(5) (　　) chambre est un peu chère.
　　① Ce　　　② Cet　　　③ Cette　　　　　(11 秋)

解説

(1) 所有形容詞の問題です。空欄のあとの voiture が単数形ですから、① sa、③ son のどちらかの選択です。文の主語が il「彼」なので、意味は「彼の車」ということですが、son と sa のどちらを用いるかは voiture の文法上の性によってきまります。ここでは「黒い」という意味の形容詞 noir が女性形の noire になっていることから、voiture が女性名詞であることがわかり、① sa が正解です。Il est content de (sa) voiture noire.「彼は自分の黒い車に満足している」

(2) 不定冠詞の問題です。問題文の jupe は単数なので、選択肢② un または③ une のどちらかの選択となり、「短い」という意味の形容詞 court が女性形の courte で用いられていることから、③ une を選ぶことができます。Je cherche (une) jupe courte.「短いスカートをさがしています」

(3) 空欄のあとの argent が単数形ですから、選択肢のうち、複数名詞とともに用いる② des がまず排除されます。残る選択肢は①が de l'、③が du なので、部分冠詞の問題であることがわかります。問題文の場合、argent の文法上の性（男性）は、あらかじめ知っていなければ判断できませんが、母音または無音の h で始まる語の前では、部分冠詞は男女とも de l' を用いることから、①が正解です。Tu as encore (de l') argent ?「まだお金はある？」

(4) 定冠詞の問題です。問題文の cinéma は単数で、形容詞 japonais が男性形ですから、男性単数形の選択肢② le が正解です。Vous n'aimez pas (le) cinéma japonais ?「日本映画は好きではありませんか」。定冠詞 le は、ここではあるカテゴリーの全体を示す「総称」としての用法になります。

(5) 指示形容詞の問題です。chambre の文法上の性を考えます。この問題の場合、chambre の前後には形容詞はありませんが、動詞 est (être) のあとの chère が文の主語の chambre に一致して女性形になっているため（男性形は cher です）、chambre は女性名詞であることがわかります。(Cette) chambre est un peu chère.「この部屋は少し値段が高い」となり、③が正解です。cher のように -er で終わる形容詞の女性形語尾は -ère となります。5級の範囲では léger「軽い」なども同じ変化をします。

形容詞には

❶ 名詞とともに用いる場合（付加形容詞）
　　le cinéma **français**「フランス映画」
　　une **petite** table「小さなテーブル」

❷ 〈主語＋être＋形容詞〉の形で用いる場合（属詞）
　　Cette robe est très **jolie**.「このドレスはとてもかわいい」
　　Ils sont **américains**.「彼らはアメリカ人です」

の2通りの用法があり、どちらの場合も修飾する名詞（❷では主語になる名詞または代名詞）と性・数の一致をします。

　問題文と同様、このあとの 練習問題3 (5)も上の❷のケースにあたります（p.23の解説を参照）。

解　答　(1) ①　　(2) ③　　(3) ①　　(4) ②　　(5) ③

練習問題 3

次の (1)〜(5) の (　) 内に入れるのにもっとも適切なものを、それぞれ①〜③のなかから1つずつ選び、解答欄のその番号にマークしてください。

(1) C'est le vélo de Cécile ? — Oui, c'est (　　) vélo.
　　① sa　　② ses　　③ son

(2) J'aime bien (　　) sac bleu.
　　① ce　　② cet　　③ cette

(3) Tu veux (　　) pain ?
　　① de　　② des　　③ du

(4) Vous connaissez (　　) bon restaurant ?
　　① des　　② un　　③ une

(5) (　　) ville de Tokyo est très grande.
　　① La　　② Le　　③ Les

(12 春)

解説

(1) 問題文は、「これはセシルの自転車ですか」「はい、それは彼女の自転車です」という会話で、空欄部分には「彼女の」に相当する所有形容詞が入ります。「彼女の」という意味につられ、うっかり女性形の① sa を選択しそうになりますが、所有形容詞は所有者ではなく、**所有されるもの**の性・数に応じて変化するので、ここでは空欄のあとの vélo「自転車」の性・数を考えなければなりません。問題文の前半に C'est le vélo de Cécile ? とあり、vélo に男性形の定冠詞 le が付されていることから、vélo は男性名詞であることがわかります。ここでは単数ですから、③ son が正解です。② ses は、

22

あとにつづく名詞が複数形の場合に用います。

　(2) 指示形容詞の問題です。 練習問題1 (3)でも触れましたが、選択肢①～③の用法をもう1度整理しておきましょう。
　　　　ce：子音で始まる男性名詞とともに用いる
　　　　　　ce garçon、ce livre（12 秋）など
　　　　cet：母音または無音のhで始まる男性名詞とともに用いる
　　　　　　cet oiseau（11 春）、cet hôpital（09 秋）など
　　　cette：女性名詞とともに用いる
　　　　　　cette fille、cette école など
問題文の sac「バッグ、かばん」は、子音で始まる語です。また、うしろに置かれた「青い」という意味の形容詞 bleu の形から男性名詞であることがわかるので、① ce が正解です。J'aime bien (ce) sac bleu.「私はこの青いバッグがとても好きです」

　(3) 空欄のあとの pain が単数形であることから、選択肢のうち、複数名詞とともに用いる ② des が排除され、①または③の選択となります。正解は選択肢③の部分冠詞 du で、Tu veux (du) pain ? は「パンはほしい？」という意味です。部分冠詞はここでは数えられないものについて「ある程度の量」を表わしていると考えることもできますし、または（数えることのできる）1つのパンの「一部」を示していると考えることも可能です。① de は、たとえば Tu ne veux pas de pain ?「パンはほしくないの？」のように、否定文とともに用いられる形です。

　(4) この問題では、特定のレストランが話題になっているわけではなく、いくつかある（任意の）「おいしいレストランのうちの1つ」という意味で、「不特定のもの」を示す不定冠詞が用いられています。問題文の restaurant は単数形で、形容詞 bon が男性形であることから（女性形は bonne になります）、男性単数形の選択肢 ② un が正解です。Vous connaissez (un) bon restaurant ?「おいしいレストランを知っていますか」

　(5) 定冠詞の問題です。空欄のあとの ville「町、都市」は文の主語ですが、文末の形容詞 grande がこれに一致して女性形になっていることから、ville

は女性名詞であることがわかります。ここでは単数ですから、③ Les は該当せず、① La が正解です。(La) ville de Tokyo est très grande.「東京の町はとても大きい」

解　答　(1) ③　　(2) ①　　(3) ③　　(4) ②　　(5) ①

2　基本的な**動詞の活用**に関する問題です。
(1)～(5)の文の空欄に該当する動詞の活用形を3つの選択肢から選んで解答します。(配点 10)

この問題では日常的に使用される基本的な動詞について、直説法現在の活用が問われます。-er 型、-ir 型の2つの規則動詞のほか、avoir、être をはじめとするおもな不規則動詞の活用のパターンを頭に入れておきましょう。

といっても、フランス語の動詞の活用の種類は数が多く、そのすべてを記憶するのは容易ではありません。ただし、活用語尾に注目すると、次の❶、❷の2種類しかなく、おもな動詞がどちらに属するかを覚えておくと便利です。

❶　je   -e   nous   -ons
　　tu   -es   vous   -ez
　　il / elle -e   ils / elles -ent

　-er 型規則動詞
　語尾が -ir の不規則動詞のうち、ouvrir など

❷　je   -s(x)   nous   -ons
　　tu   -s(x)   vous   -ez
　　il / elle -t   ils / elles -ent

　-ir 型規則動詞
　語尾が -ir の不規則動詞のうち、dormir、partir など
　語尾が -oir の不規則動詞
　語尾が -re の不規則動詞
　aller
　（prendre、apprendre など、一部の動詞では 3 人称単数の -t は表記されません：prendre → (il / elle) prend、apprendre → (il / elle) apprend）

以下、実際の出題例にあたって、解答の要点を見ていくことにしましょう。

練習問題1

次の(1)〜(5)の（　）内に入れるのにもっとも適切なものを、それぞれ①〜③のなかから1つずつ選び、解答欄のその番号にマークしてください。

(1) Ils (　　) quel âge ?
　　① a　　　② avez　　　③ ont

(2) Le magasin (　　) à onze heures.
　　① ouvre　　② ouvrent　　③ ouvrons

(3) Nous (　　) marcher.
　　① aimes　　② aimez　　③ aimons

(4) Quand (　　)-elles ?
　　① pars　　② part　　　③ partent

(5) Vous (　　) la cuisine ?
　　① fais　　② faisons　　③ faites　　　（10秋）

解説

(1) フランス語では年齢を示す場合、動詞はavoirを用います。活用は、j'ai, tu as, il / elle a, nous avons, vous avez, ils / elles ont となり、③が正解です。Ils (ont) quel âge ?「彼らは何歳ですか」

3人称複数の活用語尾が -ont となる動詞は、この問題のavoirのほか、être（→ sont）、aller「行く」（→ vont）、faire「作る、おこなう」（→ font）の3語だけですから、覚えておくとよいでしょう。

(2) この問題では、ouvrirが「開く」という自動詞の意味で用いられています。不定詞の語尾が -ir で終わる不規則動詞のうち、ouvrirは上に見た活

用パターンの❶に属し、j'ouvre, tu ouvres, il / elle ouvre, nous ouvrons, vous ouvrez, ils / elles ouvrent と活用します。文の主語 le magasin は代名詞では 3 人称単数の il になりますから、①が正解です。Le magasin (ouvre) à onze heures.「その店は 11 時に開きます」

(3) aimer は -er 型の規則動詞ですから、j'aime, tu aimes, il / elle aime, nous aimons, vous aimez, ils / elles aiment となり、③が正解です。ここでは、動詞 aimer がほかの動詞の不定詞をともない、「～するのが好きです」という意味で用いられています。Nous (aimons) marcher.「私たちは歩くのが好きです」

(4) partir は「出発する」の意の不規則動詞です。不定詞の語尾は設問(2)の ouvrir と同じ -ir ですが、活用のパターンは❶ではなく❷になります。je / tu pars, il / elle part, nous partons, vous partez, ils / elles partent となり、③が正解です。Quand (partent)-elles ?「彼女たちはいつ出発しますか」。この問題では、疑問詞 quand が文頭にあるため、主語の代名詞 elles と動詞が倒置されて語順が変わっている点にも注意が必要です。

　不規則動詞のうち、不定詞の語尾が -ir で終わる動詞の活用は、ouvrir 型 (❶) とそれ以外 (❷) の 2 つのパターンに分かれます。5 級の出題範囲で❷にふくまれる動詞としては、partir のほか、

courir「走る」
dormir「眠る」
sortir「出る、外出する」

などがあります。

(5)「作る、おこなう」という意味の動詞 faire は、je / tu fais, il / elle fait, nous faisons, vous faites, ils / elles font と活用し、③が正解です。Vous (faites) la cuisine ?「あなたは料理をしますか」
　2 人称複数の vous に対する動詞の活用語尾は -ez になるものがほとんどで、-tes となるのは、この問題の faire と être (→ êtes)、dire「言う」(→ dites) の 3 語だけです。

[解　答] (1) ③　　(2) ①　　(3) ③　　(4) ③　　(5) ③

練習問題 2

次の (1) ～ (5) の (　　) 内に入れるのにもっとも適切なものを、それぞれ ① ～ ③ のなかから 1 つずつ選び、解答欄のその番号にマークしてください。

(1) Je (　　) une photo de ma famille.
　　① prend　　② prends　　③ prenons

(2) Les enfants (　　) bonjour à monsieur Dupont.
　　① disent　　② dit　　③ dites

(3) Mon frère (　　) le français.
　　① étudie　　② étudient　　③ étudies

(4) Tu (　　) déjà ?
　　① dorment　　② dormez　　③ dors

(5) Vous (　　) beaucoup ?
　　① lisez　　② lisons　　③ lit　　　　(11 秋)

解　説

(1) この文では動詞 prendre が、「(写真を) 撮る」という意味で用いられています。活用のパターンは ❷ で、je / tu prends, il / elle prend, nous prenons, vous prenez, ils / elles prennent となり、② が正解です。Je (prends) une photo de ma famille. 「私は家族の写真を撮ります」

(2) dire「言う」は、不定詞の語尾が -re で、(1) の prendre と同様 ❷ のパターンで活用する動詞です。je / tu dis, il / elle dit, nous disons, vous dites, ils / elles disent となり、文の主語 les enfants「子どもたち」は代名詞にすれ

ば ils ですから、①が正解です。Les enfants (disent) bonjour à monsieur Dupont.「子どもたちはデュポンさんにこんにちは（おはよう）を言う」
練習問題1 (5)でも触れたように、dire は、2人称複数の活用が dites という特殊な形をとるので注意しましょう。

(3) étudier「学ぶ、勉強する」は -er 型の規則動詞です。活用の型は❶で、文の主語は3人称単数の mon frère ですから（mon frère は代名詞では il になります）、①が正解です。Mon frère (étudie) le français.「私の兄（弟）はフランス語を勉強しています」

(4) dormir「眠る」は、不定詞の語尾が -ir ですが、活用の型は 練習問題1 の(4)で見た partir と同様❷に属します。je / tu dors, il / elle dort, nous dormons, vous dormez, ils / elles dorment となり、③が正解です。Tu (dors) déjà ?「もう眠ってるの？」

(5) ここでは lire が目的語なしで用いられており、「本を読む、読書する」という自動詞としての用法になります。活用のパターンは❷で、je / tu lis, il / elle lit, nous lisons, vous lisez, ils / elles lisent となり、①が正解です。Vous (lisez) beaucoup ?「あなたはたくさん本を読みますか」

解答 (1) ②　(2) ①　(3) ①　(4) ③　(5) ①

練習問題3

次の(1)～(5)の（　）内に入れるのにもっとも適切なものを、それぞれ①～③のなかから1つずつ選び、解答欄のその番号にマークしてください。

(1) Ils (　　) la table devant la fenêtre.
　① met　　　② mets　　　③ mettent

(2) Je (　　) payer avec une carte ?
　① peut　　　② peuvent　　　③ peux

(3) Nous (　　) souvent ensemble.
　① voyagent　　② voyageons　　③ voyagez

(4) Tu (　　) cette robe rouge ?
　① choisis　　② choisissez　　③ choisit

(5) Vous (　　) quelque chose ?
　① voient　　② voyez　　③ voyons　　（12春）

解説

(1) mettre「置く」は、不定詞の語尾が -re ですから、❷のパターンで活用する動詞です。je / tu mets, il / elle met, nous mettons, vous mettez, ils / elles mettent となり、③ が正解です。Ils (mettent) la table devant la fenêtre.「彼らは窓の前にテーブルを置く」

(2) この問題では動詞 pouvoir が、うしろに不定詞をともなって「（～することが）できる」という意味で用いられています。pouvoir は不定詞の語尾が -oir で、活用のパターンは❷になります。je / tu peux, il / elle peut, nous

pouvons, vous pouvez, ils / elles peuvent と活用し、③が正解です。Je (peux) payer avec une carte ?「カードで支払うことはできますか」

(3) voyager「旅行する」は -er 型の規則動詞です。活用の型は❶で、je voyage, tu voyages, il / elle voyage, nous voyageons, vous voyagez, ils / elles voyagent となり、②が正解です。Nous (voyageons) souvent ensemble.「私たちはよくいっしょに旅をします」
　-er 型の規則動詞のうち、この問題の voyager のように不定詞の語尾が -ger で終わるものは、nous を主語にした場合、活用語尾の -ons の前で [ʒ ジュ] の音を維持するために g を ge とつづる点に注意してください。たとえば、manger「食べる」であれば、nous mangeons となります。

(4) choisir「選ぶ」は -ir 型の規則動詞で、活用の型は❷になります。je / tu choisis, il / elle choisit, nous choisissons, vous choisissez, ils / elles choisissent となり、①が正解です。Tu (choisis) cette robe rouge ?「この赤いドレスにするの？」
　5 級の語彙に入る動詞のうち、-ir 型の規則動詞はこの choisir と finir の 2 語だけですので、覚えてしまうと便利です。

(5) voir「見る（見える）」は、不定詞の語尾が -oir ですから、(2) の pouvoir と同様、活用のパターンは❷に属します（ただし je / tu に対応する活用は、pouvoir が -x、voir が -s となり、語尾の形がことなります）。je / tu vois, il / elle voit, nous voyons, vous voyez, ils / elles voient となり、②が正解です。Vous (voyez) quelque chose ?「何か見えますか」

[解　答]　(1) ③　　(2) ③　　(3) ②　　(4) ①　　(5) ②

3

選択肢としてあたえられた語句を並べかえ、文を完成する問題です。日本語の文を手がかりに、3つの選択肢の語順を考えます。(配点 8)

この問題では、
 ❶形容詞・副詞の位置
 ❷否定・疑問の表現
 ❸近接未来・近接過去
 ❹非人称表現

など、フランス語の初歩的な構文に関する知識が問われます。また、à pied「歩いて」(12 春) や un peu de「少しの」(12 秋) など、前置詞をふくむ簡単な熟語表現が出題されることもあります。

 上の❶～❹について、もう少しくわしく見てみましょう (以下の例では、太字の部分が実際に出題された問題の選択肢に相当します)。

❶形容詞・副詞の位置
 フランス語の形容詞は名詞のあとに置くのが原則です。

　　C'est **un sac japonais**.「これは日本製のかばんです」(08 秋)
　　Ils ont **une voiture blanche**.「彼ら白い車を持っています」(09 春)

 ただし、grand、petit、bon、jeune、beau など、1～2 音節の短い形容詞で、日常的にひんぱんに使われるものは、名詞の前に置かれます。

　　C'est **un bon restaurant**.
　　　「ここはおいしいレストランです」(14 春)

 また、動詞を修飾する bien、souvent、encore、主に形容詞やほかの副詞を修飾する très などの副詞の位置にも注意が必要です。前者は一般に動詞のあと、後者は形容詞や副詞の前に置かれます。

　　Elle **va souvent au** cinéma.「彼女はよく映画に行く」(12 秋)
　　Est-ce que tu **es très content** ?「すごくうれしい？」(08 秋)

❷否定・疑問の表現
　否定文は動詞や助動詞を ne (n') ... pas ではさんで作ります。

　　　Je ne **prends pas de** café le soir.
　　　「夜はコーヒーを飲みません」(13 秋)

　また、ne ... pas 以外にもさまざまな否定表現があり、ne ... plus「もう～ない」、ne ... jamais「けっして～ない」、ne ... rien「何も～ない」などが出題されています。

　　　Je ne **fais plus de** sport.「私はもうスポーツをしていない」(10 春)
　　　Il **ne dit rien**.「彼は何も言わない」(09 秋)

　疑問文では疑問代名詞 qui や疑問副詞（comment、combien (de) など）のほか、疑問形容詞 quel の用法もこの問題でしばしば出題されています。

　　　Il **sort avec qui** ?「彼はだれと出かけるの」(08 春)
　　　Combien **de pommes achetez**-vous ?「いくつりんごを買いますか」
　　　　　　　　　　　　　　　　　　　　　　　　　　　　　　(09 秋)
　　　Quel est votre nom ?「あなたのお名前は」(13 秋)

　quel については 練習問題 1 (3)の解説（p.36）を参照してください。

❸近接未来・近接過去
　5 級で出題される動詞の時制は直説法現在のみですが、「（これから）～するところ」という近い未来、「～したばかり」という近い過去の行為や出来事は、それぞれ〈aller ＋不定詞〉、〈venir de ＋不定詞〉の形で表わすことができます。

　　　Le **train va arriver**.「まもなく列車が到着します」(11 秋)
　　　Mon père **vient de partir**.「父は出かけたところです」(14 春)

❹非人称表現
　代名詞の il を形式上の主語として用いる構文を非人称構文と呼びま

す。このうち、5級の出題範囲にふくまれるのは、提示表現の il y a「〜がある（いる）」のほか、il pleut「雨が降る」などの天候の表現や、il faut（＋不定詞）「〜が必要です（〜しなければならない）」などの表現です。

 Est-ce qu'**il y a** du pain ?
 「パンはある？」（10 春）
 Il faut acheter un billet.
 「チケットを買わなければなりません」（11 春）
 Il pleut beaucoup ce matin.
 「けさは雨がたくさん降っている」（11 秋）
 Il fait beau aujourd'hui.
 「きょうは天気がいい」（14 春）

それでは練習問題にあたってみることにしましょう。

練習問題1

例にならい、次の(1)〜(4)において、それぞれ①〜③をすべて用いて、あたえられた日本語に対応する文を完成したときに、（　）内に入るのはどれですか。①〜③のなかから1つずつ選び、解答欄のその番号にマークしてください。なお、①〜③では、文頭にくるものも小文字にしてあります。

例：東京に友だちがいるの？

Tu _____ (　) _____ à Tokyo ?

① amis　　② as　　③ des

Tu <u>as</u> (<u>des</u>) <u>amis</u> à Tokyo ?
　　② 　　③ 　　①

となり、②③①の順なので、（　）内に入るのは③。

(1) 歩いて帰るほうがいい？

Tu préfères _____ (　) _____ ?

① à　　② pied　　③ rentrer

(2) キャロルはあまり勉強していません。

Carole ne _____ (　) _____ .

① bien　　② pas　　③ travaille

(3) 天気はどう？

_____ (　) _____ -il ?

① fait　　② quel　　③ temps

(4) 私は毎朝テレビを見る。
　　　Je regarde la télé ＿＿＿＿（　　）＿＿＿＿．
　　　① les　　　　② matins　　　③ tous　　　　　（12春）

解　説

(1) 問題文の動詞 préférer はうしろに不定詞をともない、「〜するほうがよい」という意味で用いることができます。ここでは ③ rentrer「帰る」が不定詞ですから、これが Tu préfères のあとに置かれることになります。日本語の「歩いて」は、①と②を合わせた à pied で表わします。Tu préfères rentrer (à) pied ? となり、①が正解です。

(2) 副詞 bien の語順を考えます。日本語の「勉強する」に相当する動詞は travailler で、ここでは主語の Carole に合わせ、3人称単数の活用形 travaille になっています（女性名の Carole は代名詞では elle にかわります）。bien は動詞のあとに置くのが原則ですが、問題文は否定文のため、動詞 travaille を ne ... pas ではさみ、そのあとに bien を置きます。Carole ne travaille (pas) bien. となり、②が正解です。

(3)「晴れている」「天気が悪い」など、天候について述べる場合、非人称の主語 il と動詞 faire を合わせた il fait の形を用います。たとえば「天気がよい」「天気が悪い」は、それぞれ Il fait beau. / Il fait mauvais. となります。また、問題文のように「どのような天気ですか」と尋ねる場合は、②の疑問詞 quel と「天気」の意の ③ temps を合わせ、quel temps という形を用います。Il fait quel temps ? という語順も可能ですが、問題文では quel temps の部分が文頭に置かれ、主語 il と動詞が倒置される形になります。Quel (temps) fait-il ? となり、③が正解です。

　疑問形容詞 quel には、以下の❶、❷のような2通りの用法があり、ここでは❷のケースに該当します。

❶ 動詞 être とともに用いる場合

Quel est cet arbre ?「この木は何ですか」

❷ 名詞の前に置かれる場合
Il arrive à **quelle heure** ?「彼は何時に着きますか」
Quel âge as-tu ?「君はいくつ（何歳）」

(4)「毎朝」は、不定形容詞 tout の複数形 tous を用い、tous les matins の形で表わすことができます。Je regarde la télé tous (les) matins. となり、①が正解です。同じ〈tout (toute, tous, toutes)＋定冠詞＋名詞〉の形で、次のような言い方も覚えておくと便利です。

tous les jours「毎日」
tous les soirs「毎晩」
tous les mois「毎月」
tous les ans「毎年」
toute la journée「一日中」（journée は仏検では 4 級の語彙になります）
toute la nuit「一晩中」

|解　答|　(1) ①　　(2) ②　　(3) ③　　(4) ①

練習問題 2

例にならい、次の(1)～(4)において、それぞれ①～③をすべて用いて、あたえられた日本語に対応する文を完成したときに、（　）内に入るのはどれですか。①～③のなかから1つずつ選び、解答欄のその番号にマークしてください。

例：（略）

(1) エヴァとジャックはいませんか。

　　Eva et Jacques ne _____ (　　) _____ ?

　　① là　　　　② pas　　　③ sont

(2) 庭に古い木が1本ある。

　　Il y a _____ (　　) _____ dans le jardin.

　　① arbre　　② un　　　　③ vieil

(3) 昼には戻れます。

　　Nous _____ (　　) _____ midi.

　　① à　　　　② pouvons　　③ revenir

(4) 右に曲がってください。

　　Vous _____ (　　) _____ .

　　① à　　　　② droite　　　③ tournez　　　（13春）

解説

(1) 日本語の「（人が）いる」に相当する部分を、選択肢①の副詞 là と動詞 être を組み合わせた être là の形で表わします。選択肢③ sont は、文の主語 Eva et Jacques「エヴァとジャック」に合わせ、être を3人称複数の活用形で用いたものです（Eva et Jacques は代名詞では ils になります）。

仮に「エヴァとジャックはいますか」のような肯定文であれば Eva et Jacques sont là ? となるところですが、問題文は「いませんか」という否定の疑問文ですから、動詞を ne ... pas ではさみ、Eva et Jacques ne sont (pas) là ? という文ができあがります。

Est-ce que votre mère est là ?「お母様はご在宅ですか」(『仏検公式基本語辞典』p.154)

(2) 選択肢③ vieil は、「古い」という意味の形容詞 vieux の形が変化したもので、男性第 2 形と呼ばれます。vieux は名詞の前に置くのが原則ですが、この問題の arbre「木」のように、母音で始まる男性名詞の前では第 2 形の vieil を用います。Il y a un (vieil) arbre dans le jardin. となり、③が正解です。vieux のほか、beau「美しい」や nouveau「新しい」なども第 2 形をもつ形容詞で、母音または無音の h で始まる単数形の男性名詞の前では、それぞれ bel および nouvel を用います。

C'est un bel hôtel.「それはきれいなホテルです」(『仏検公式基本語辞典』p.29)

le nouvel an「新年」(同 p.193)

(3) 選択肢② pouvons は「〜できる」という意味の動詞 pouvoir の 1 人称複数の活用形ですから、これを文の主語 Nous のあとに置くことができます。選択肢では、③ revenir も「(ある場所に) 帰る、もどる」という意味の動詞ですが、こちらは不定詞なので、pouvoir はここでは〈pouvoir + 不定詞〉の形で用いられていることがわかります。①の前置詞 à は、文末の midi とともに、à midi の形で「お昼 (正午) に」という表現を作ります。Nous pouvons (revenir) à midi. となり、③が正解です。

(4) 日本語の「曲がる」に相当する動詞は tourner で、ここでは主語の Vous に合わせ、tournez という 2 人称複数の活用形で用いられています (選択肢③)。「右に」は à droite ですから、Vous trounez (à) droite. となり、①が正解です。同じ意味で、主語を省略し、Tournez à droite.「右に曲がりなさい」という命令文を用いることもできます。tourner à droite「右に曲がる」、tourner à gauche「左に曲がる」、aller tout droit「まっすぐ行く」など、関連する表現をひとまとめにして覚えておくとよいでしょう。

解　答　(1) ②　　(2) ③　　(3) ③　　(4) ①

練習問題 3

例にならい、次の (1)〜(4) において、それぞれ ①〜③ をすべて用いて、あたえられた日本語に対応する文を完成したときに、（　）内に入るのはどれですか。①〜③ のなかから1つずつ選び、解答欄のその番号にマークしてください。なお、①〜③ では、文頭にくるものも小文字にしてあります。

例：（略）

(1) いすが1つ必要です。

　　_____ (　　) _____ chaise.

　　① faut　　② il　　③ une

(2) 彼女は友だちの家に行きます。

　　Elle va _____ (　　) _____ .

　　① ami　　② chez　　③ un

(3) このきれいな花を見て！

　　Regarde _____ (　　) _____ !

　　① ces　　② fleurs　　③ jolies

(4) 私と踊っていただけますか。

　　Vous _____ (　　) _____ moi ?

　　① avec　　② danser　　③ voulez

(14 秋)

解　説

(1)「〜が必要です」あるいは「〜しなければならない」と述べる場合、〈il faut ＋ 名詞（不定詞）〉という非人称の表現を用いることができます。ここでは「いすが1つ必要」ということですから、問題文の日本語は、選択肢③

の不定冠詞 une を chaise「いす」の前に置き（chaise は女性名詞です）、Il (faut) une chaise. という形で表わすことができます。また、同じ〈il faut ＋名詞〉の形を使って、所要時間などを述べることもできます。

　Il faut vingt minutes à pied.「歩いて 20 分かかります」（『仏検公式基本語辞典』p.113）

　(2) 前置詞 chez の用法を問う問題です。chez はうしろに人を示す名詞をともない、「～の家（店）で」という意味で使われる前置詞です。Elle va chez (un) ami. となり、③が正解です。chez のあとに代名詞を置くこともできますが、その場合は強勢形を用いなければなりません。たとえば問題文の un ami は男性単数形ですから、代名詞では lui で置きかえ、Elle va chez lui. となります。

　(3) 形容詞の語順を考えます。選択肢③ jolies は、日本語の「きれいな」にあたる形容詞 joli が、選択肢② fleurs（女性名詞 fleur「花」の複数形）に合わせて、女性複数形の語尾 -es をともなったものです。joli は一般に名詞の前に置かれるため、Regarde ces (jolies) fleurs. となり、③が正解です。「この」「その」「あの」の意味で用いられる指示形容詞 ce（ここでは複数形の ces）は形容詞よりも前に置くのが原則です。

　(4) 選択肢② voulez が、「～を望む」という意味の動詞 vouloir の活用形であることをまずおさえておきましょう（ここでは文の主語 Vous に合わせ、2 人称複数の活用形が用いられています）。選択肢②の動詞 danser「踊る」が不定詞ですから、vouloir はこの文では〈vouloir ＋不定詞〉の形で、「～したい」という意味で用いられていることがわかります。「私と」（「私といっしょに」）は、①の前置詞 avec を使って、avec moi の形で表わすことができます。Vous voulez (danser) avec moi ? となり、②が正解です。〈vouloir ＋不定詞〉の形は、しばしばこの問題のように、「～してくれませんか」という意味の依頼の表現を作ります。

　Voulez-vous fermer la porte, s'il vous plaît ?「ドアをしめていただけませんか」（『仏検公式基本語辞典』p.300）

　[解 答]　(1) ①　　(2) ③　　(3) ③　　(4) ②

4 質問に対する**適切な応答**を選ぶ問題です。（配点 8）

　日常的な会話でよく用いられる 4 つの質問に対し、それぞれ適切な応答を 2 つの選択肢から選んで解答します。
　質問の文は疑問詞をふくむものとそうでないものがあります。

❶ 疑問詞を用いた質問と応答の例

　　Ce gâteau coûte combien ?
　　　① Deux euros seulement.
　　　② Deux minutes seulement.（10 秋）

　この例では疑問副詞 combien を用い、「このケーキはいくらですか」と「値段」を尋ねています。応答は①が「たった 2 ユーロです」、②が「ほんの 2 分です」となり、①が正解です。
　過去の出題を例に、おもな疑問詞の用法をまとめておきましょう。

☆疑問代名詞
　qui「だれが（を）」：
　　Qui est cette dame ?「このご婦人はだれですか」（13 秋）
　　Qui cherchez-vous ?「だれをさがしているのですか」（14 秋）
　　※ qui は前置詞とともに用いることもできます。
　　Vous venez avec qui ?「あなたはだれと来ますか」（10 秋）
　que, qu'est-ce que「何（を）」：
　　Que mangez-vous au petit déjeuner ?
　　「朝ごはんに何を食べますか」（12 秋）

☆疑問副詞
　où「どこに、どこで」：
　　Où étudie votre fils ?
　　「息子さんはどこで勉強していますか」（12 秋）
　　※ où は前置詞 de と組み合わせ、d'où「どこから」の意で用いられることもあります。

D'où vient-il ?
「彼はどこから来たのですか（出身はどこですか）」（10 秋）
quand「いつ」：
Quand est-ce que vous rentrez ?
「あなたはいつもどりますか」（14 春）
comment「どうやって、どんな」：
Ton père, comment va-t-il ?「お父さんは元気ですか」（12 春）
Comment rentrez-vous ?「あなたはどうやって帰りますか」（15 春）
combien (de)「いくつ、どのくらい」：
Vous avez combien d'enfants ?「お子さんは何人いますか」
（13 春）

☆疑問形容詞
quel「どんな」：
La classe finit à quelle heure ?「授業は何時に終わりますか」
（14 秋）
Quel livre choisis-tu ?「どの本にする（君はどんな本を選ぶの）」
（15 春）

❷ 疑問詞をふくまない質問と応答の例

Pierre est là ?
① Non, il est au bureau.
② Oui, il est assez grand.（14 春）

質問の文は「ピエールはいますか」という意味です。これに対する応答は、①が「いいえ、彼はオフィスにいます」、②が「はい、彼はかなり背が高い（または年齢について「十分に大きい」）」ですから、応答として適切なのは①ということになります。

練習問題 1

次の(1)～(4)に対する応答として適切なものを、それぞれ①、②から選び、解答欄のその番号にマークしてください。

(1) Pourquoi elle n'est pas là ?
　　① Parce qu'elle est jolie.
　　② Parce qu'elle est malade.

(2) Quand rentre-t-il à Paris ?
　　① En avion.
　　② Le mois prochain.

(3) Qu'est-ce que vous apprenez ?
　　① Le piano.
　　② Un café.

(4) Tu viens d'où ?
　　① Je viens d'arriver.
　　② Je viens de Tokyo.

(10 春)

解説

(1) Pourquoi elle n'est pas là ?「どうして彼女はいないの」
　pourquoi は「理由」「原因」を尋ねる疑問詞で、parce que で答えるのが一般的な形です。応答文の意味は、①「彼女はきれいだから」、②「彼女は病気だから」となり、②が正解です。質問の文の être là は、否定の場合、「いない」または「来ていない」という意味で用います。

(2) Quand rentre-t-il à Paris ?「彼はいつパリにもどりますか」

quand「いつ」と尋ねているので、正解は②の Le mois prochain.「来月」です。選択肢① En avion. は「飛行機で」という意味ですから、質問の内容とは合いません。

(3) Qu'est-ce que vous apprenez ?「あなたは何を習っているのですか」
　qu'est-ce que は「何を」、動詞 apprendre は「学ぶ、習う」という意味なので、① Le piano.「ピアノです」が正解です。質問の文は qu'est-ce que のかわりに que を用いて、Qu'apprenez-vous ? ということもできます。② Un café.「コーヒーです」が答えになるのは、Qu'est-ce que vous prenez ?「あなたは何を飲みますか」といった質問の場合です。

(4) Tu viens d'où ?「どこから来たの（どこの出身ですか）」
　venir de のあとに場所を示す語が置かれると、「～の出身である」という意味になり、② Je viens de Tokyo.「東京です」が正解です。① Je viens d'arriver. は、「着いたばかりです」という近い過去の出来事を示す言い方ですから、d'où を用いて出身地を尋ねている質問文への応答にはなりません。

|解　答| (1)②　　(2)②　　(3)①　　(4)②

練習問題 2

次の (1)〜(4) に対する応答として適切なものを、それぞれ①、② から選び、解答欄のその番号にマークしてください。

(1) Comment s'appelle ton ami ?
　　① Il s'appelle Pierre.
　　② Je m'appelle Marie.

(2) Il part à quelle heure ?
　　① À midi.
　　② Il est huit heures.

(3) Où mangez-vous ce soir ?
　　① Au restaurant.
　　② Du poisson.

(4) Vous êtes libre dimanche ?
　　① Non, je travaille.
　　② Oui, je suis d'accord.

(11 秋)

解　説

(1) Comment s'appelle ton ami ?「君の友だちは何という名前なの」
「名前」を尋ねる場合、疑問形容詞 quel を用いて Quel est son nom ?「彼（彼女）の名前は何ですか」のように述べることもできますし、またはこの問題のように、疑問副詞 comment を「～という名前である」という意味の代名動詞 s'appeler とともに用いることもできます。選択肢の文意は、①が「彼はピエールという名前です」、②が「私はマリといいます」となり、ここでは「友だち」の名前を尋ねているわけですから、①が正解です。代名動詞

は、この問題の選択肢の il **s'appelle** や je **m'appelle** のように、主語に合わせて再帰代名詞の部分が変化します。

(2) Il part à quelle heure ?「彼は何時に出発しますか」
　この問題では疑問形容詞 quel を用い、à quelle heure... ? の形で「何時に」という時刻を尋ねています。「時、時間」の意の heure が女性名詞のため、疑問形容詞も女性形 quelle が用いられる点に注意してください。選択肢は、①が「12時（正午）です」、②が「（今）8時です」となり、②の Il est huit heures. は現在の時刻を述べる言い方ですから、①が正解です。

(3) Où mangez-vous ce soir ?「今晩はどこで食事をしますか」
　食事をする「場所」を尋ねている文ですから、①「レストランで」が正解です。選択肢②は「魚です」の意で、où を用いて場所を尋ねている質問の答えにはなりません。

(4) Vous êtes libre dimanche ?「日曜日は暇ですか」
　応答文は、①が「いいえ、仕事があります」、②が「はい、わかりました」の意ですから、①が正解です。②の d'accord は、(相手の言うことに)「賛成である」という意味で用いる慣用表現で、d'accord だけで「同意」を示す言い方として使うこともできます。
　Alors à midi devant la gare.「じゃあ正午に駅の前で」― D'accord.「わかった」(『仏検公式基本語辞典』p.73)

|解　答|　(1) ①　　(2) ①　　(3) ①　　(4) ①

練習問題 3

次の(1)〜(4)に対する応答として適切なものを、それぞれ①、②から選び、解答欄のその番号にマークしてください。

(1) De quelle couleur est sa robe ?

　① Elle est noire.

　② Elle n'est pas chère.

(2) Je tourne à droite ?

　① Non, à gauche.

　② Oui, c'est tout droit.

(3) Qui est cette dame ?

　① C'est notre professeur de français.

　② Elle a 38 ans.

(4) Tu n'as pas faim ?

　① Oui, j'ai faim.

　② Si, un peu.

(13 秋)

解 説

(1) De quelle couleur est sa robe ?「彼女のドレスは何色ですか」

質問の文は疑問形容詞 quel を用いて「色」を尋ねる言い方です。これに対する応答は、①が「黒です」、②が「それ（そのドレス）は高くありません」となり、①が正解です。応答文では、①、②どちらも、質問の文の sa robe「彼女のドレス」のかわりに代名詞 elle が用いられている点に注意してください。質問の文は、Quelle est la couleur de sa robe ? としても同じ意味になります。

(2) Je tourne à droite ?「右に曲がるの？」
　筆記3の 練習問題2 でも見た tourner à droite (à gauche)「右（左）に曲がる」という表現が問われています。選択肢の文意は、①が「いや、左だよ」、②が「うん、まっすぐだよ」ですから、①が正解です。「右、右側」という意味の名詞 droite と、「まっすぐな」の意の副詞 droit を混同しないようにしましょう。

(3) Qui est cette dame ?「このご婦人はだれですか」
　疑問代名詞 qui は「だれが」の意で、①「私たちのフランス語の先生です」が正解です。②「彼女は38歳です」が答えになるのは、たとえば Quel âge a cette dame ?「このご婦人はおいくつですか」のような年齢を尋ねる質問の場合です。

(4) Tu n'as pas faim ?「おなかはすいてないの？」
　応答文の文意は、①が「うん、すいてるよ」、②が「少し（すいています）」ですから、どちらも可能のようですが、問いの文のような否定の疑問文に対して肯定で応じる場合、oui ではなく si を用いなければならず、②が正解です。
　疑問詞を用いない質問とその応答については、聞き取り試験1の解説（p.74）を参照してください。

解　答　(1) ①　　(2) ①　　(3) ①　　(4) ②

5 語彙に関する問題です。（配点 8）

日本語の指示にしたがい、4つの設問のそれぞれについて、3つの選択肢から適切な語を選んで解答します。選択すべき語には

❶ 日本語で示された**特徴を持つ**語
❷ 日本語で示された**特徴を持たない**語
❸ 示されたフランス語の**反対の意味**を持つ語

など、いくつかのパターンがあるので、問題の指示文の内容に注意してください。
　このうち、❶、❷については、名詞を中心に出題されており、日常的に使われる基本語彙を、いくつかのカテゴリー別にまとめておくとよいでしょう。2010年度以降のおもな出題は以下のとおりです。

「職業」（10春）
「飲みもの」（10秋）
「時刻」（10秋）
「天候」（11春）
「乗りもの」（11春、15春）
「食べもの」（11秋、14春）
「家具」（11秋、14春）
「身体」（11秋、14秋）
「月」（11秋、15春）
「家族」（12春）
「曜日」（12秋）
「方位」（13春）
「季節」（13秋）
「衣服」（13秋）
「色」（13秋）

以下、上の❷について、過去の出題を見てみましょう。

練習問題 1

次の (1)〜(4) において、日本語で示した**特徴を持たない語**を、それぞれ ①〜③ のなかから 1 つずつ選び、解答欄のその番号にマークしてください。

(1) 家具

　　① chaise　　② jardin　　③ lit

(2) 身体

　　① jambe　　② main　　③ nuit

(3) 食べもの

　　① légume　　② riz　　③ rue

(4) 月

　　① août　　② mardi　　③ mars　　　　(11 秋)

解説

(1) 3 つの名詞のうち、「家具」ではないものを選びます。① chaise は「いす」、② jardin は「庭」、③ lit は「ベッド」ですから、② が正解です。このほか 5 級の範囲で「家具」を示す語として、bureau を「机、デスク」の意で用いることができます。

Le bureau est devant la fenêtre.「机は窓の前にある」(『仏検公式基本語辞典』p.38)

(2) ① jambe は「脚」、② main は「手」でどちらも体の一部を指しますが、③ nuit は「夜」という意味ですから、③ が正解です。

「身体」のカテゴリーに入る語では

cheveu（複数形 cheveux）「髪」
　　œil（複数形 yeux）「目」
　　pied「足」
　　tête「頭、顔」

などが 5 級の出題範囲となっています。

　(3) ① légume は「野菜」、② riz は「米、ごはん」という意味ですから、「食べもの」ではないのは、③ rue「通り」ということになります。
　このほか「食べもの」に分類される語は

　　fromage「チーズ」
　　fruit「くだもの」
　　gâteau（複数形 gâteaux）「ケーキ」
　　pain「パン」
　　poisson「さかな」
　　viande「肉」

などがあり、野菜では tomate「トマト」や pomme de terre「じゃがいも」、くだものでは pomme「りんご」や orange「オレンジ」などが 5 級の語彙になります。また、「くだもの」を示す語は多くが女性名詞ですので、合わせて覚えておくとよいでしょう。

　(4) ① août は「8 月」、② mardi は「火曜」、③ mars は「3 月」ですから、② が正解です。
　月の言い方をまとめておきましょう（「曜日」については、このあとの 練習問題 2 (4) を参照してください）。

　　janvier「1 月」
　　février「2 月」
　　mars「3 月」
　　avril「4 月」
　　mai「5 月」

juin「6月」
juillet「7月」
août「8月」
septembre「9月」
octobre「10月」
novembre「11月」
décembre「12月」

解 答 (1) ②　(2) ③　(3) ③　(4) ②

練習問題 2

次の(1)〜(4)において、日本語で示した**特徴を持たない語**を、それぞれ①〜③のなかから1つずつ選び、解答欄のその番号にマークしてください。

(1) 位置

　　① derrière　　② sans　　③ sous

(2) 女性

　　① dame　　② garçon　　③ mademoiselle

(3) 時

　　① aussi　　② hier　　③ tôt

(4) 曜日

　　① dimanche　　② jeudi　　③ midi　　　　（12 秋）

解　説

(1) 選択肢①〜③はすべて前置詞です。① derrière は「〜のうしろに」、② sans は「〜なしに」、③ sous は「〜の下に」の意で、「位置」を示さないのは②ということになります。derrière、sous については、それぞれ対意語の devant「〜の前に」、sur「〜のうえに」と合わせて覚えておくとよいでしょう。

(2)「女性」ではないものを選びます。① dame は「婦人」、② garçon は「男の子」、③ mademoiselle は未婚女性を指す「お嬢さん」という言い方ですから、②が正解です。

(3) 3つの副詞のうち、「時」を示さないものを選びます。① aussi は「〜もまた」、② hier は「きのう」、③ tôt は「早く」ですから、①が正解です。
Moi aussi, j'aime beaucoup le tennis.「私もテニスが大好きです」(『仏検公式基本語辞典』p. 20)
このほか、「時」を示す副詞では、bientôt「まもなく」などもこの問題で出題されています（12 春）。

(4) ① dimanche は「日曜日」、② jeudi は「木曜日」でいずれも曜日を指しますが、③ midi は「正午」の意で、③が正解です。
曜日の言い方をまとめておきましょう。

　　dimanche「日曜」
　　lundi「月曜」
　　mardi「火曜」
　　mercredi「水曜」
　　jeudi「木曜」
　　vendredi「金曜」
　　samedi「土曜」

解　答　(1)②　　(2)②　　(3)①　　(4)③

練習問題 3

次の(1)～(4)において、日本語で示した**特徴を持たない語**を、それぞれ①～③のなかから1つずつ選び、解答欄のその番号にマークしてください。

(1) 衣類

　　① jupe　　② nuit　　③ pantalon

(2) 色

　　① blanc　　② jeune　　③ vert

(3) 季節

　　① été　　② hiver　　③ sommeil

(4) 食事

　　① boire　　② dormir　　③ manger　　（13 秋）

解 説

(1) ① jupe は「スカート」、③ pantalon は「ズボン」ですから、「衣類」に属さないのは、選択肢②の nuit「夜」です。

このほか、5級の出題範囲では、

　robe「ドレス、ワンピース」
　cravate「ネクタイ」

なども衣服に関する語彙になります。

(2) 選択肢から「色」を示さないものを選びます。① blanc は「白い」、② jeune は「若い」、③ vert は「緑の」ですから、②が正解です。

57

このほか「色」を示す語には

　bleu「青（い）」
　jaune「黄色（い）」
　noir「黒（い）」
　rouge「赤（い）」

などがあり、とくに bleu は、英語（blue）とつづりがことなるので注意が必要です。また、練習問題1 (3)で見た「くだもの」の orange「オレンジ」も、「オレンジ色」という意味で用いることがあります。

　(3) ① été は「夏」、② hiver は「冬」で、どちらも「季節」を表わしますが、③ sommeil は「眠り、眠気」という意味ですから、③が正解です。四季の言い方をまとめておきましょう。

　printemps「春」
　été「夏」
　automne「秋」
　hiver「冬」

　(4) 選択肢はすべて動詞で、① boire は「飲む」、② dormir は「眠る」、③ manger は「食べる」となり、「食事」に関係しないのは②の dormir です。

解　答　(1) ②　　(2) ②　　(3) ③　　(4) ②

6　イラストと一致する文を選ぶ問題です。(配点 8)

(1) ～ (4) のイラストについて、その内容と一致する文を 2 つの選択肢から選んで解答します。

選択肢には、肯定と否定、近接未来と近接過去 (13 春) などの**対になる表現**のほか、下の例のように、**対義的**な 2 つの動詞、副詞 (句)、前置詞などをふくむ文が出題されています。

☆動詞：
　　commencer「始める」/ finir「終える」(09 春)
　　fermer「閉める」/ ouvrir「開ける」(09 秋)
　　acheter「買う」/ vendre「売る」(10 秋)
　　se coucher「寝る」/ se lever「起きる」(11 春)
　　écrire「書く」/ lire「読む」(12 春)
　　jouer「遊ぶ」/ travailler「勉強する、働く」(14 春)
　　monter「(乗りものに) 乗る」/ descendre「降りる」(15 春)

☆副詞 (句)：
　　tard「遅く」/ tôt「早く」(07 秋)
　　beaucoup「たくさん」/ un peu「少し」(08 秋)
　　loin de「～の遠くに」/ près de「～の近くに」(11 春、15 春)

☆前置詞：
　　après「～よりあとに」/ avant「～より前に」(07 春)
　　sous「～の下に」/ sur「～のうえに」(14 春)
　　derrière「～のうしろに」/ devant「～の前に」(10 秋、13 秋)

☆その他：
　　à la campagne「田舎に」/ en ville「都会に」(09 秋)
　　à la mer「海に」/ à la montagne「山に」(10 春)
　　à pied「歩いて」/ en voiture「車で」(14 秋)

練習問題 1

次の (1)〜(4) の絵に対応する文を、それぞれ①、②から選び、解答欄のその番号にマークしてください。

(1) ① Elle prend la deuxième voiture.
　　② Elle prend la première voiture.

(2) ① Il a un livre à la main droite.
　　② Il a un livre à la main gauche.

(3) ① Il est midi.
　　② Il est minuit.

(4) ① J'écris une lettre.
　　② Je lis une lettre.

(12 春)

[解 説]

(1) イラストには車が2台描かれており、前の車には男性2人、うしろの車には女性が1人乗りこもうとしています。選択肢の文意は、それぞれ ① Elle prend la deuxième voiture.「彼女は2台目の車に乗る」、② Elle prend la première voiture.「彼女は1台目の車に乗る」ですから、①が正解です。

フランス語の序数は「1番目」を示す premier (première) を除き、数詞に共通の語尾 -ième を付ける形で表わすことができます。

(2) droit「右の」、gauche「左の」という、対になる形容詞の意味を区別する問題です。① Il a un livre à la main droite. は「彼は右手に本を持っている」、② Il a un livre à la main gauche. は「彼は左手に本を持っている」ですから、①が正解です。

(3) ① Il est midi. は「正午です」、② Il est minuit. は「真夜中（午前0時）です」の意で、イラストには夜の街角が描かれていますから、②が正解です。

(4) ① J'écris une lettre. は「私は手紙を書く」、② Je lis une lettre. は「私は手紙を読む」で、écrire「書く」と lire「読む」という対になる動詞の意味が問われています。イラストには手紙を読んでいる女性が描かれており、②が正解です。

[解 答]　(1) ①　　(2) ①　　(3) ②　　(4) ②

練習問題 2

次の (1)〜(4) の絵に対応する文を、それぞれ①、②から選び、解答欄のその番号にマークしてください。

(1) ① Ces livres ne sont pas lourds.
② Ces livres sont lourds.

(2) ① Il a mal à la tête.
② Il a mal aux pieds.

(3) ① Le magasin est fermé.
② Le magasin est ouvert.

(4) ① Pierre marche derrière son père.
② Pierre marche devant son père.

(13 秋)

解説

(1) 否定文と肯定文を見分ける問題です。選択肢の文意は、① Ces livres ne sont pas lourds. が「これらの本は重くない」（否定）、② Ces livres sont lourds. が「これらの本は重い」（肯定）となり、イラストでは女性が何冊もの本を重そうに持ちあげようとしていますから、②が正解です。

(2) 選択肢①、②では、どちらも avoir mal à「～が痛い」という表現が用いられています。① Il a mal à la tête. は「彼は頭が痛い」、② Il a mal aux pieds. は「彼は足が痛い」の意で（aux は前置詞 à と定冠詞 les が縮約された形です）、イラストの男性は頭をおさえていますから、①が正解です。

(3) fermé「閉まっている」と ouvert「開いている」という、対になる形容詞の意味を区別します。イラストには買い物客のいる店の様子が描かれていますが、① Le magasin est fermé. は「店は閉まっている」、② Le magasin est ouvert. は「店は開いている」ですから、②が正解です。

(4) derrière は「～のうしろに」、devant は「～の前に」という意味で用いる前置詞です。イラストでは男の子が男性の前を歩いているので、② Pierre marche devant son père.「ピエールは父親の前を歩いている」が正解です。

解答 (1) ②　　(2) ①　　(3) ②　　(4) ②

練習問題 3

次の(1)〜(4)の絵に対応する文を、それぞれ①、②から選び、解答欄のその番号にマークしてください。

(1) ① Elle a les cheveux courts.
　　② Elle a les cheveux longs.

(2) ① Il ne porte pas de montre.
　　② Il porte une montre.

(3) ① Ils jouent.
　　② Ils travaillent.

(4) ① Il y a un sac sous la table.
　　② Il y a un sac sur la table.

(14 春)

|解　説|

(1) 選択肢の文意は、① Elle a les cheveux courts.「彼女は髪が短い」、② Elle a les cheveux longs.「彼女は髪が長い」となり、この問題では court「短い」と long「長い」という対になる形容詞の意味が問われています。イラストにはショートヘアの女性が描かれており、①が正解です。

(2) イラストの男性は腕時計を見ていますが、① Il ne porte pas de montre. は「彼は腕時計をしていない」、② Il porte une montre. は「彼は腕時計をしている」ですから、②が正解です。選択肢①は②の文を否定にしたものですが、montre「腕時計」は動詞 porter の直接目的語にあたるため、否定文では montre の前に置かれた不定冠詞 une が de に変わることになります。

(3) jouer「遊ぶ」と travailler「働く、勉強する」という対義的な2つの動詞の意味を区別する問題です。イラストは子どもたちが外で遊んでいる場面で、選択肢は① Ils jouent.「彼ら(子どもたち)は遊んでいる」、② Ils travaillent.「彼らは勉強している」という意味ですから、①が正解です。

(4) sur「～のうえに」と sous「～の下に」という2つの前置詞の意味を区別します。① Il y a un sac sous la table. は「テーブルの下にかばんがある」、② Il y a un sac sur la table は「テーブルのうえにかばんがある」の意で、イラストではテーブルの下にかばんが描かれており、①が正解です。

|解　答|　(1) ①　　(2) ②　　(3) ①　　(4) ①

7 会話文を読み、空欄に適切な語を選んでおぎなう問題です。(配点 8)

　この問題では、**会話の流れ**をたどりながら、動詞や前置詞、疑問詞などについて、適切な運用ができるかどうかが問われます。
　選択肢は文の一部であることが多く、空欄の前後の部分のつながりに十分注意して、自然な応答を完成させる必要があります。

練習問題 1

次の会話を読み、(1)〜(4)に入れるのにもっとも適切なものを、それぞれ①〜③のなかから1つずつ選び、解答欄のその番号にマークしてください。

Mami : Pardon, monsieur. Je cherche « Le Cordon Bleu ».
Le monsieur : « Le Cordon Bleu » ? (　1　) c'est ?
Mami : C'est une école de cuisine.
Le monsieur : Ah ! Je vois. C'est (　2　) cinq minutes d'ici. Vous allez tout droit.
Mami : Merci, monsieur.
Le monsieur : De rien. Vous voulez (　3　) la cuisine française ?
Mami : Oui.
Le monsieur : Alors, (　4　) chance !

(1) ① Combien　② Comment　③ Qu'est-ce que
(2) ① à　② chez　③ par
(3) ① apprendre　② mettre　③ prendre
(4) ① belle　② bonne　③ grande

(11 秋)

[解説] マミが男性に道を尋ねています。
(1) « Le Cordon Bleu » ? (　1　) c'est ?
Je cherche « Le Cordon Bleu ».「「コルドン・ブルー」をさがしています」というマミに対し、男性は「「コルドン・ブルー」ですって?」と聞き返し、

さらに何か尋ねています。男性の問いに対して、マミは C'est une école de cuisine.「料理学校です」と説明していますから、男性は (Qu'est-ce que) c'est ?「それは（「コルドン・ブルー」というのは）何ですか」と尋ねていることになり、③が正解です。

(2) C'est (2) cinq minutes d'ici.
　男性が Ah ! Je vois.「ああ、わかりました」と述べたあと、「コルドン・ブルー」の場所について「ここから5分のところです」と説明している場面で、空欄には「場所、位置」を示す選択肢①の前置詞 à をおぎないます。
　選択肢② chez にも「場所」を示す用法がありますが、chez の場合は chez Paul や chez moi のように「人」を示す語句（名詞または人称代名詞の強勢形）をともない、「〜の家で」という意味で用いますから、ここでは該当しません。

(3) Vous voulez (3) la cuisine française ?
　男性が Vous allez tout droit.「まっすぐ行きなさい」と道順を説明したあと、Merci, monsieur.「ありがとうございます」De rien.「どういたしまして」というやりとりがあり、そのうえで男性がマミに対して何か尋ねている場面です。選択肢はすべて不定詞で、語の意味は① apprendre が「習う、学ぶ」、② mettre が「置く」、③ prendre は「とる、食べる（飲む）」ですから、①をおぎなえば、「あなたはフランス料理を習いたいのですか」となり、意味の通る文になります。

(4) Alors, (4) chance !
　空欄のあとの chance は、「幸運」の意の女性名詞です。3つの選択肢はどれも形容詞で、chance に合わせ、女性形になっています。男性形で示せば、①が beau、②が bon、③が grand ですが、このうち②の bon は、うしろに名詞をともない、たとえば Bon voyage !「よい旅行を」のように、成句的な表現を作ることを思い出しましょう。Alors, (bonne) chance !「それでは幸運を祈ります」となり、②が正解です。

解　答　(1) ③　　(2) ①　　(3) ①　　(4) ②

練習問題 2

次の会話を読み、(1)～(4)に入れるのにもっとも適切なものを、それぞれ①～③のなかから1つずつ選び、解答欄のその番号にマークしてください。

  Anne : Maman, quand est-ce que papa rentre du Japon ?
La mère : Ce soir.
  Anne : Il est (1), maintenant ? Il est déjà dans l'avion ?
La mère : Oui. Son avion arrive (2) à Paris.
  Anne : Nous allons à l'aéroport ?
La mère : Non. Papa rentre (3) taxi à la maison.
  Anne : Il (4) un petit cadeau* pour moi ?
La mère : Peut-être.

*cadeau：プレゼント

(1) ① combien   ② où   ③ qui
(2) ① bientôt   ② demain   ③ encore
(3) ① à   ② en   ③ pour
(4) ① a   ② entend   ③ voit

(12 秋)

解説 アンヌと母親の会話です。
(1) Il est (1), maintenant ?
Maman, quand est-ce que papa rentre du Japon ?「ママ、パパはいつ日本から帰るの」Ce soir.「今晩よ」、というやりとりのあと、アンヌが再び母親に何か尋ねています。文の主語 Il はもちろん papa のことで、アンヌはつづ

けて Il est déjà dans l'avion ?「(パパは) もう飛行機のなかかしら？」と述べていることから、空欄には場所を示す疑問詞が入ることがわかります。Il est (où), maintenant ?「(パパは) 今どこかな (どこにいるのかな)」となり、②が正解です。

(2) Son avion arrive (2) à Paris.
　母親がアンヌに、父親の乗った飛行機がいつ頃パリに着く予定か説明している文です。選択肢だけを見ると、①bientôt「まもなく、もうすぐ」のほか、②demain「あした」も可能であるようにみえますが、(1)で見たように、会話文の2行目で、父親は ce soir「今晩」帰ると述べられていることから、②は排除されることになります。③encore「まだ」では、もちろん意味の通る応答になりません。Son avion arrive (bientôt) à Paris.「(パパの) 飛行機はもうすぐパリに着きます」となり、①が正解です。この問題では、空欄の前後の部分だけではなく、会話文全体の流れに目を配る必要があります。

(3) Papa rentre (3) taxi à la maison.
　Nous allons à l'aéroport ?「空港に (パパを迎えに) 行くの？」というアンヌの問いに対し、母親は Non.「いいえ」と応じてから、父親が (空港から)「タクシーで」帰宅することを説明しています。移動の手段・方法を示す前置詞で、車やタクシーについて用いられるのは en で、②が正解です。同様に、「列車で」は en train、「飛行機で」であれば en avion となります。①à を用いるのは、à pied「徒歩で」、à vélo「自転車で」のような表現の場合です。

(4) Il (4) un petit cadeau pour moi ?
　アンヌが「私におみやげ (プレゼント) はあるかな」と述べている文ですが、文の主語は Il(= Papa) ですから、文字通りには「パパは私へのおみやげを持っているかしら」という意味になり、空欄には avoir の3人称単数の活用形が入ります。①a が正解で、②entend、③voit は、それぞれ entendre「聞こえる (聞く)」、voir「見える (見る)」の活用形になります。

解答　(1) ②　(2) ①　(3) ②　(4) ①

練習問題 3

次の会話を読み、(1)〜(4)に入れるのにもっとも適切なものを、それぞれ①〜③のなかから1つずつ選び、解答欄のその番号にマークしてください。

Paul : Papa, tu travailles ce week-end ?
Le père : Oui. (　1　) ?
Paul : Je veux aller (　2　) la nouvelle piscine*. Elle est très grande et très belle.
Le père : Est-ce que la piscine est (　3　) le mercredi ?
Paul : Oui.
Le père : Alors, mercredi prochain.
Paul : Oh ! Merci, papa.
Le père : Il est déjà tard. (　4　) tes devoirs maintenant.

* piscine : プール

(1) ① Comment　② Où　③ Pourquoi
(2) ① à　② avec　③ chez
(3) ① facile　② grande　③ ouverte
(4) ① Achète　② Dois　③ Fais

(13 春)

解説　ポールと父親の会話です。
(1) Papa, tu travailles ce week-end ?「パパ、この週末は仕事があるの？」というポールの問いに対し、父親は Oui.「そうだよ」と応じてから、ポールに向かって何か聞き返しています。選択肢① Comment「どうやって」は

71

手段や方法を尋ねる意味で、また② Où「どこに」は場所を尋ねる場合に用いる疑問詞ですから、どちらも父親の問いの内容としては該当しません。残るは③の Pourquoi で、これなら「どうして」と理由を尋ねることになり、意味の通る会話になります。

(2) ポールが父親に向かって、週末は忙しいかどうかを尋ねた理由を説明しています。ポールはここで、la nouvelle piscine「新しいプール」に行きたい、と述べていると考えればよいでしょう。空欄には「目的地となる場所」を示す前置詞が入り、① à が正解です。選択肢② avec は「～とともに」、③ chez は〈chez + 人〉の形で「～の家に」という意味で用いる前置詞です。

なお、この問題のように動詞に aller を用いる場合、たとえば aller à Paris「パリに行く」のように、行き先は前置詞 à で示すことができますが、目的地が女性国名の場合は、aller en France「フランスに行く」のように en を用います。また、「～に出発する」という場合は、partir pour という言い方をするのがふつうです。

Nous partons demain pour Paris.「私たちはあすパリに出発します」(『仏検公式基本語辞典』p.205)

(3) 父親が「新しいプール」について、何か尋ねています。選択肢はどれも形容詞ですが、文の主語の la piscine に合わせ、女性形が用いられていることに注意してください。① facile は「簡単な」、② grande (grand) は「大きい」、③ ouverte (ouvert) は「開いている」の意ですから、このうち③ ouverte を用いた場合のみ、Est-ce que la piscine est (ouverte) le mercredi ?「そのプールは水曜日は開いているのかい？」となって、文意が通ります。mercredi など、曜日を示す語の前に定冠詞 le が置かれると、「毎週」の意になることを知っておくとよいでしょう。たとえば「その店は月曜日は開いていません」であれば、Ce magasin n'est pas ouvert le lundi. のように言います。

(4) ポールと父親は、mercredi prochain「こんどの水曜日に」プールに行くことに決めたようです。このあと父親は Il est déjà tard.「もう（時刻が）遅いな」と述べ、ポールに何か言っています。空欄(4)に対応している選択肢はすべて動詞ですが、空欄部分は文の先頭にあたることから、ここでは命令法が用いられていると考えればよいでしょう。① Achète (acheter「買う」)

は、そのあとの tes devoirs「宿題」とつながらず、また② Dois (devoir) は、多くの場合、〈devoir ＋不定詞〉の形で「～しなければならない」という意味で用いる動詞なので、どちらもここでは該当しません。正解は faire「～する」の命令法にあたる③ Fais で、父親はポールに、(Fais) tes devoirs maintenant.「今すぐ宿題をやってしまいなさい」と述べていることになります。

解　答　(1) ③　　(2) ①　　(3) ③　　(4) ③

聞き取り試験

1 フランス語の質問を聞き、**適切な応答**を選ぶ問題です。（配点 10）

　日常的な会話でよく用いられる5つの質問に対し、適切な応答を2つの選択肢から選んで解答します。

　問題の形式は筆記試験 4 と同じですが、ここでは質問を耳で聞き取り、問われている内容を判断しなければなりません。

　この問題では、とくに以下の点に留意するようにしてください。

❶フランス語では、**質問の文が肯定か否定か**によって応答の形が変わります。質問とその応答の関係を整理しておきましょう。

　　☆質問が肯定文 → 応答は oui または non

　　Tu as faim ?「おなかがすいてる？」
　　— Oui, j'ai faim.（「すいている」場合）
　　— Non, je n'ai pas faim.（「すいていない」場合）

　　☆質問が否定文 → 応答は si または non

　　Tu n'as pas faim ?「おなかはすいていない？」
　　— Si, j'ai faim.（「すいている」場合）
　　— Non, je n'ai pas faim.（「すいていない」場合）

❷質問の文に疑問詞がふくまれている場合は、疑問詞の聞き取りが質問の要点を押さえるポイントになります。筆記試験の 4 で見た**疑問詞の用法**を、あらためて整理し、頭に入れておきましょう。

練習問題 1

- フランス語の文 (1) ～ (5) を、それぞれ 3 回ずつ聞いてください。
- (1) ～ (5) の文に対する応答として適切なものを、それぞれ①、②から選び、解答欄のその番号にマークしてください。
（メモは自由にとってかまいません）
〈CD を聞く順番〉 🔊 ❶ ⇨ 🔊 ❷

(1) ① Depuis hier.

　　② Parce qu'elle ne trouve pas son chien.

(2) ① En famille.

　　② En juillet.

(3) ① Je cherche ma montre.

　　② Je cherche mon grand-père.

(4) ① Non, je ne peux pas.

　　② Oui, je viens demain matin.

(5) ① Nous sommes le 17.

　　② Vingt euros.

(11 春)

解説

(1) Pourquoi elle est triste ?「なぜ彼女は悲しいのですか」という質問です。「理由」を尋ねる疑問詞 pourquoi に対しては parce que で応じるのが一般的な形で、② Parce qu'elle ne trouve pas son chien.「彼女の犬がみつからないからです」が正解です。質問の文は「いつから」悲しんでいるのかを尋ねているわけではなく、① Depuis hier.「きのうから」では意味の通る応答にはなりません。

(2) Quand est-ce que vous partez en vacances ?「いつバカンスに出発しますか」という質問ですから、② En juillet.「7月に」が正解です。選択肢① En famille. は「家族で」という意味になります。

(3) Qu'est-ce que tu cherches sous la table ?「テーブルの下で何をさがしているの」という質問です。応答の文は、① Je cherche ma montre.「腕時計をさがしています」、② Je cherche mon grand-père.「祖父をさがしています」の２つで、①が「もの」、②が「人」をさがしていることになり、質問ではqu'est-ce que「何を」と尋ねていますから、①が正解です。仮に「だれをさがしているのですか」と尋ねるのであれば、Qui est-ce que tu cherches... ? または Qui cherches-tu... ? という質問になります。疑問詞の部分を注意深く聞き取り、「人」と「もの」のどちらが問題にされているかを区別します。

(4) Tu peux venir maintenant ?「今来られる？」という質問です。これに対して ② Oui, je viens demain matin.「うん、あすの朝行くよ」と応じるのは不自然ですから、① Non, je ne peux pas.「いえ、行けません」が正解になります。問いの文の maintenant「今」を聞き取ることができるかどうかがポイントになりますが、①の je ne peux pas が、「今は行けない」という意味の je ne peux pas venir maintenant を省略した言い方になっている点にも注意してください。

(5) C'est combien ?「いくらですか」と値段を尋ねる質問ですから、② Vingt euros.「20ユーロです」が正解です。① Nous sommes le 17.「(きょうは) 17日です」が答えになるのは、「何日ですか」と日付を尋ねるケースで、その場合は combien の前に定冠詞 le を置き、Nous sommes le combien ? のように言います。

combien については、以下の３つの用法を整理しておくとよいでしょう。

❶〈combien de ＋名詞〉:「いくつ、どのくらい」(数・量)
❷ C'est combien ? / Ça fait combien ?:「いくら」(値段)
❸ le combien :「何日」(日付)

|解　答| (1) ②　(2) ②　(3) ①　(4) ①　(5) ②

練習問題 2

・フランス語の文 (1) ～ (5) を、それぞれ 3 回ずつ聞いてください。
・(1) ～ (5) の文に対する応答として適切なものを、それぞれ①、②から選び、解答欄のその番号にマークしてください。
（メモは自由にとってかまいません）
〈 CD を聞く順番 〉 ❸ ⇨ ❹

(1) ① C'est ma sœur.

② C'est une chanson française.

(2) ① Il est beau.

② Il fait beau.

(3) ① Je vais à l'hôpital.

② Je vais à vélo.

(4) ① Non, pas du tout.

② Si, j'aime marcher.

(5) ① Un kilomètre.

② Un kilo, s'il vous plaît.

(11 秋)

解 説

(1) Qui chante ?「だれが歌っているの」と尋ねています。選択肢の文意は、それぞれ① C'est ma sœur.「私の妹（姉）です」、② C'est une chanson française.「それはフランスの歌です」となり、①が正解です。

(2) Comment est Paul ?「ポールはどんな人」という質問なので、① Il est beau.「彼はハンサムです」が正解です。選択肢② Il fait beau. は「天気が

よい」の意で、この場合の il はおもに形式主語として使われる**非人称表現**ですから、「彼」「それ」という意味の**人称表現**と混同しないようにしなければなりません。

(3) Où vas-tu ?「どこへ行くの」という質問ですから、① Je vais à l'hôpital.「病院へ行きます」が正解です。② Je vais à vélo.「自転車で行きます」が答えになるのは、たとえば疑問詞 comment を用いて、「どうやって行くの」と移動の手段を尋ねるような場合です（ 練習問題 3 (2)を参照)。

(4) Tu n'aimes pas danser ?「踊るのは好きではないの？」という質問です。このような否定の疑問文に対して「好きです」と肯定で応じる場合は si、「好きではありません」と否定で応じる場合は non を用いることになります。問題文の「踊るのは好きではありませんか」という問いに対し、② Si, j'aime marcher.「歩くのが好きです」と答えるのは変ですから、① Non, pas du tout.「少しも（好きではありません）」が正解です（質問の文に対し、②のように Si で応じるのは、Si, j'aime danser.「踊るのが好きです」と述べる場合です）。①の pas du tout は「まったく（少しも）〜ない」という否定を強調する言い方で、①は Non, je n'aime pas du tout danser.「踊るのは少しも好きではありません」の意になります。

(5) Vous voulez combien de pommes ?「りんごはいくつ要りますか」という質問です。 練習問題 1 (5)で見た、combien の3つの用法のうちの1つで、ここでは〈combien de ＋名詞〉の形で「いくつ、どのくらい」という数量を尋ねる表現になります。① Un kilomètre.「1キロメートル」は「距離」の単位ですから、もちろんこの質問に対する答えにはならず、② Un kilo, s'il vous plaît.「1キロお願いします」が正解です。フランス語の kilo「キロ」は、②のように「重さ」の単位である kilogramme「キログラム」を略す場合にのみ用い、kilomètre の略には使いません。

解 答　(1) ①　　(2) ①　　(3) ①　　(4) ①　　(5) ②

練習問題 3

・フランス語の文(1)～(5)を、それぞれ3回ずつ聞いてください。
・(1)～(5)の文に対する応答として適切なものを、それぞれ①、②から選び、解答欄のその番号にマークしてください。
（メモは自由にとってかまいません）
〈CDを聞く順番〉 ◎ ❺ ⇨ ◎ ❻

(1) ① Avec moi.

　　② Avec plaisir.

(2) ① En avion.

　　② En France.

(3) ① En décembre.

　　② Un an.

(4) ① Il est médecin.

　　② Il fait mauvais.

(5) ① Oui, j'ai un frère.

　　② Si, j'ai deux frères.

(12 春)

|解 説|

　(1) Vous voulez venir ?「あなたはいらっしゃいますか」という質問です。これに対する応答文の選択肢は、① Avec moi.「わたしといっしょに」、② Avec plaisir.「よろこんで」ですから、②が正解です。質問文の Vous voulez venir ? は、文字通りには「あなたは来ることを望みますか」の意ですが、むしろ「来ませんか」という意味の、勧誘に近い言い方になることに注意してください。Avec plaisir.「よろこんで」と同じ意味で、Volontiers.

もよく使われますが、こちらは仏検では3級の語彙になります。

(2) Comment est-ce que nous allons à Paris ?「（私たちは）どうやってパリに行くの」という質問です。疑問詞は 練習問題2 (2)と同じ comment ですが、ここでは「どのようにして」の意で、移動の手段を問う意味で用いられています。選択肢② En France.「フランスに」では、この質問に対する適切な応答にはならず、① En avion.「飛行機で」が正解です。

(3) Quel âge a ton fils ?「息子さんはいくつなの」という質問です。① En décembre. は「12月に」という意味ですから、意味の通る応答にはならず、② Un an.「1歳だよ」が正解です。質問の文の quel âge の部分を聞き取り、年齢が問われていることを理解できるかどうかがポイントになります。

(4) Qu'est-ce qu'il fait ?「彼は何をしていますか」という質問ですから、① Il est médecin.「彼は医者です」が正解になります。② Il fait mauvais. は「天気が悪い」という意味の、天候を述べる言い方です。 練習問題2 (2)と同様、代名詞 il については、「彼」「それ」という意味で用いられる**人称表現**と、il fait の形で天候を示す**非人称表現**の区別に注意が必要です。

(5) Tu n'as pas de frères ?「兄弟はいないの？」という質問です。応答文の文意は、① Oui, j'ai un frère.「1人います」、② Si, j'ai deux frères.「2人います」となり、どちらも肯定ですが、 練習問題2 (4)で見たように、Tu n'as pas de frères ? という否定の問いに対して肯定で応じる場合は si を用いなければならず、②が正解です。仮に Tu as des frères ?「兄弟はいるの？」という肯定の問いであれば①が正解になりますから、あらかじめ選択肢に目を通し、質問の文が肯定か否定かに注意して聞き取りをおこなうとよいでしょう。

解答 (1) ②　(2) ①　(3) ②　(4) ①　(5) ②

5級の傾向と対策　聞き取り試験 2

2　数を聞き取る問題です。（配点 10）

　フランス語の文 (1) 〜 (5) について、それぞれの文にふくまれる数を聞き取ります。5級では **1〜20** までの数が出題されます。

　出題の対象となる 1〜20 までの数と、発音に関して注意すべき点を確認しておきましょう。

　　1　un、une [œ̃、yn アン／ユヌ]
　　2　deux [dø ドゥー]
　　3　trois [trwɑ トろワ]
　　4　quatre [katr カトる]
　　5　cinq [sɛ̃:k サーンク]（子音・有音の h の前では [sɛ̃ サン]）
　　6　six [sis スィス]（子音・有音の h の前では [si スィ]）
　　7　sept [sɛt セット]
　　8　huit [ɥit ユイット]（子音・有音の h の前では [ɥi ユイ]）
　　9　neuf [nœf ヌフ]（neuf ans、neuf heures の場合のみ [nœv ヌヴ]）
　10　dix [dis ディス]（子音・有音の h の前では [di ディ]）
　11　onze [ɔ̃:z オーンズ]
　12　douze [du:z ドゥーズ]
　13　treize [trɛ:z トれーズ]
　14　quatorze [katɔrz カトるズ]
　15　quinze [kɛ̃:z カーンズ]
　16　seize [sɛ:z セーズ]
　17　dix-sept [di(s)sɛt ディ(ス)セット]
　18　dix-huit [dizɥit ディズユイット]
　19　dix-neuf [diznœf ディズヌフ]
　20　vingt [vɛ̃ ヴァン]

　実際の文中では、たとえば 10 であれば、次のように 3 通りの発音があることになります。

　　・語のあとに置かれる場合：[dis ディス]

81

chambre dix [ʃɑ̃:brdis シャンブるディス]「10号室」

・子音・有音の h の前：[di ディ]
　　dix jours [diʒu:r ディジューる]「10日」

・母音・無音の h の前（アンシェヌマン）：[diz ディズ]
　　dix ans [dizɑ̃ ディザン]「10年」

このあとの練習問題で、リエゾンやアンシェヌマンなど、さまざまなケースに耳を慣らすようにしてください。

5級の傾向と対策　聞き取り試験 ②

```
練習問題 1
```

- フランス語の文(1)～(5)を、それぞれ3回ずつ聞いてください。
- どの文にもかならず数が含まれています。例にならって、その数を解答欄にマークしてください。

（メモは自由にとってかまいません）

〈CDを聞く順番〉 ◎❼ ⇨ ◎❽

（例）

- 「7」と解答したい場合には、

| ⓿ ① ② ③ ④ ⑤ ⑥ ⑦ ⑧ ⑨ |
| ⓪ ① ② ③ ④ ⑤ ⑥ ❼ ⑧ ⑨ |

とマークしてください。

- 「15」と解答したい場合には、

| ⓪ ❶ ② ③ ④ ⑤ ⑥ ⑦ ⑧ ⑨ |
| ⓪ ① ② ③ ④ ❺ ⑥ ⑦ ⑧ ⑨ |

とマークしてください。

(1)
(2)
(3)
(4)
(5)

(10秋)

解説

(1) Ma sœur a dix-neuf ans.「私の姉（妹）は19歳です」

19が正解です。dix-neuf の発音は単独では [diznœf ディズヌフ] ですが、neuf「9」と同様、あとに ans, heures がつづく場合のみ、[diznœvɑ̃ ディズヌヴァン]、[diznœvœːr ディズヌヴーる] のように音が変わるので注意してください。

(2) Il y a deux arbres dans le jardin.「庭に 2 本の木があります」

　deux「2」の発音は単独では [dø ドゥー] となり、語尾の子音を発音しませんが、この問題のように母音や無音の h がうしろにつづく場合はリエゾンによって語尾の x の音が現れ、deux arbres はひとまとまりに [døzarbr ドゥザるブる] と発音します。このケースは douze [du:z ドゥーズ]「12」と音がまぎらわしいので注意が必要です。

(3) Nous rentrons le quatorze.「私たちは 14 日にもどります」

　14 が正解です。この文では音の変化はなく、quatorze は [katɔrz カトるズ] と発音されています。聞き取り ①の 練習問題 1 (5)でも見たように、日付は〈定冠詞 le ＋数詞〉の形で表わすことができます（ただし「1 日」のみ序数を用いて le premier juillet「7 月 1 日」のように表わします）。

(4) Il faut dix minutes en voiture.「車で 10 分かかります」

　10 が正解です。dix [dis ディス] の発音は、子音または有音の h の前では [di ディ] に変わるので注意しましょう。

(5) C'est la chambre six.「6 号室です」

　06 が正解です。ここでは単語のあとに置かれているため、six は単独の場合と音が変わらず、[sis スィス] と発音されています。

解　答　(1) 19　　(2) 02　　(3) 14　　(4) 10　　(5) 06

練習問題 2

- フランス語の文 (1)〜(5) を、それぞれ 3 回ずつ聞いてください。
- どの文にもかならず数が含まれています。例にならって、その数を解答欄にマークしてください。
  （メモは自由にとってかまいません）
  〈CDを聞く順番〉 ◉❾ ⇨ ◉❿

  例：(略)

  (1)
  (2)
  (3)
  (4)
  (5)

  (13 秋)

解 説

(1) Mon fils a onze ans.「私の息子は 11 歳です」
11 が正解です。onze の発音は単独では [ɔ̃:z オーンズ] ですが、ここでは onze と ans の間でアンシェヌマンが生じ、onze ans がひとつづきに [ɔ̃:zɑ̃ オーンザン] と発音されています。

(2) Nous sommes seize.「私たちは 16 人です」
16 が正解です。この文では数詞 seize [sɛ:z セーズ] が文末にあるため、リエゾンやアンシェヌマンによる音の変化はありません。問題文では数詞が人数を示していますが、数詞の前に定冠詞 le があると、練習問題1 (3) で見た「日付」の表現になります。

(3) Trois kilos de pommes, s'il vous plaît.「りんごを 3 キロお願いします」
trois「3」の発音は [trwɑ トロワ] で、単独では語尾の s を発音しません。

あとに母音で始まる語がつづく場合はリエゾンによって s の部分を [z ズ] と発音しますが、問題文は数詞のあとが子音で始まる kilos「キロ」ですから、リエゾンによる音の変化は生じないことになります。

(4) La classe commence à huit heures.「授業は 8 時に始まります」
08 が正解です。huit の発音は単独では [ɥit ユイット] ですが、ここではアンシェヌマンにより、huit heures の部分がひとまとまりに [ɥitœːr ユイトゥール] と発音されています。

(5) J'ai une fille.「私には娘が 1 人います」
01 が正解です。フランス語では、単数形の不定冠詞 un、une [œ̃、yn アン／ユヌ] を数詞としても用いることができます。ここでは fille「娘」に合わせ、「1 人の」という意味で女性形の une が用いられている点に注意してください。

[解 答] (1) 11　　(2) 16　　(3) 03　　(4) 08　　(5) 01

練習問題 3

- フランス語の文 (1)〜(5) を、それぞれ 3 回ずつ聞いてください。
- どの文にもかならず数が含まれています。例にならって、その数を解答欄にマークしてください。
（メモは自由にとってかまいません）
〈CD を聞く順番〉 ◎ ⓫ ⇨ ◎ ⓬

例：（略）

(1)
(2)
(3)
(4)
(5)

(14 春)

解説

(1) Je cherche la salle dix-sept.「17 号室をさがしています」

17 が正解です。dix-sept は [disɛt ディセット] と発音します。この文では数詞が文末に置かれているため、音の変化はありません。

(2) Quatre tomates, s'il vous plaît.「トマトを 4 つください」

04 が正解です。問題文は数詞 quatre のあとが子音で始まる tomates「トマト」ですから、アンシェヌマンなどによる音の変化はなく、quatre は [katr カトる] と発音されています。

(3) Le film finit à treize heures.「映画は 13 時に終わります」

13 が正解です。treize の発音は単独では [trɛːz トれーズ] ですが、ここではそのあとの heures との間でアンシェヌマンが生じ、treize heures の部分がひとまとまりに [trɛzœːr トれズゥーる] と発音されています。

(4) J'habite à Paris depuis vingt ans.「私は20年前からパリに住んでいます」

20が正解です。vingtの発音は次の2つのケースがあります。

❶ 単独の場合：[vɛ̃ ヴァン]
❷ 母音または無音のhで始まる語の前、および21から29を言う場合：[vɛ̃t ヴァント]

問題文では、vingtは母音で始まるansの前に置かれているため、❷のケースにあたり、vingt ansの部分がリエゾンによってひとまとまりに [vɛ̃tɑ̃ ヴァンタン] と発音されています。

(5) C'est dix euros.「10ユーロです」

10が正解です。dix [dis ディス] は母音で始まる語があとにつづく場合、アンシェヌマンによって発音が [diz ディズ] に変わります。そのため dix euros はひとつづきに [dizøro ディズュロ] と発音されることになります。

解答　(1) 17　(2) 04　(3) 13　(4) 20　(5) 10

5級の傾向と対策　聞き取り試験 ③

3　フランス語の文を聞いて、その内容に対応するイラストを選ぶ問題です。（配点 10）

(1)〜(5)の文を聞き取り、それぞれの文を用いる状況としてもっともふさわしい場面を5つのイラストから選んで解答します。

出題される文は、あいさつや天候に関する表現、〈avoir＋名詞〉の慣用句など、**日常的な場面で用いられる表現で、2〜3語からなる短いものが中心**です。以下、最近の出題からおもなものをあげておきます（2010年度以降）。

☆ あいさつなど、動詞を省略した表現：

　Bonne nuit !「おやすみ」（10春、15春）
　Un moment, s'il te plaît.「ちょっと待って」（10秋）
　À ce soir.「また今晩」（11春）
　De l'eau, s'il vous plaît.「水をください」（12春）
　Deux cartes, s'il vous plaît.「はがきを2枚ください」（14春）
　Bon voyage !「よい旅を」（14春）
　À bientôt.「また近いうちに」（14秋）

☆〈avoir＋名詞〉：

　Tu as faim ?「おなかすいた？」（10秋）
　J'ai sommeil.「眠い」（11春）
　Tu as mal ?「痛い？」（11春）
　J'ai chaud.「暑い」（11秋）
　J'ai soif !「のどが渇いたわ」（14春）

☆ 天候・気候に関するもの：

　Il fait mauvais aujourd'hui.「きょうは天気が悪い」（13春）

☆ その他：

 C'est très bon !「とてもおいしい」（10 春）
 Venez vite !「はやく来なさい」（10 春）
 Vous comprenez ?「わかりますか」（11 春）
 Tout le monde est là ?「みんないるかな？」（12 春）
 C'est pour toi.（手紙、プレゼントについて）「あなたによ」
              （12 春、15 春）
 C'est difficile.（本を読みながら）「むずかしい」（14 秋）
 Ce n'est pas bon.「おいしくないな」（14 秋）
 Il n'y a rien.（冷蔵庫を開けて）「何も入ってない」（14 秋）
 C'est gentil.（プレゼントをもらって）「ありがとう」（15 春）
 Asseyez-vous.「おかけください」（15 春）

5級の傾向と対策　聞き取り試験 ③

練習問題 1

・フランス語の文 (1)〜(5) を、それぞれ 3 回ずつ聞いてください。
・それぞれの文にもっともふさわしい絵を、下の①〜⑤のなかから 1 つずつ選び、解答欄のその番号にマークしてください。
（メモは自由にとってかまいません）
〈CD を聞く順番〉 ⑬ ⇨ ⑭

(1)

(2)

(3)

(4)

(5)

① ②  ③

④  ⑤

（13 春）

解　説

(1) Il fait mauvais aujourd'hui.「今日は天気が悪い」
　非人称構文の il fait を用いた天候の表現です。il fait beau は「天気がよい」、本問の il fait mauvais は「天気が悪い」の意ですから、女性が雨模様の外の様子をながめている ⑤ が正解です。

(2) C'est cher !「高いのね」
　cher はここでは「値段が高い」の意の形容詞で、女性が絵の値段を見て驚いているイラストの ③ が正解です。cher はこの問題の être のほか、「値段が～である」という意味の動詞 coûter とともに副詞として用いることもできます。
　Cela coûte cher.「それは高い」(『仏検公式基本語辞典』p.51)

(3) Tu veux boire quelque chose ?「何か飲みたい？」
　女性がもう1人の女性に向かって「何か飲まない？」と提案しているイラストの ① が正解です。耳で聞いた場合、boire「飲む」([bwa:r ブワール])と voir「見る」([vwa:r ヴワール])の区別が問題になりそうですが、ここでは吹き出しの中にカップの絵が描かれているので、それほど迷うことはないかもしれません。

(4) Je suis fatiguée.「疲れたわ」
　fatigué [fatige ファティゲ] は「疲れた」という意味の形容詞です。音のうえでは区別できませんが、ここでは主語が女性なので、文字で表記する場合は女性形の fatiguée が用いられることになります。荷物をかかえた女性がスーツケースのうえにすわりこんでいる ② のイラストが正解です。

(5) Bon week-end !「よい週末を」
　女性と男性が別れ際にあいさつを交わしている ④ が正解です。
　このように〈bon + 名詞〉の形をとる日常表現は数多くあり、以下5級の語彙の範囲にふくまれるものをいくつかあげておきます。男性名詞の場合は bon、女性名詞については女性形の bonne を用いる点にも注意してください。

　　bonne année「新年おめでとう」

bon après-midi「楽しい午後を」
bonne nuit「おやすみなさい」
bonnes vacances「よい休暇を」
bon voyage「よい旅を」

解答　(1) ⑤　　(2) ③　　(3) ①　　(4) ②　　(5) ④

練習問題 2

- フランス語の文 (1) 〜 (5) を、それぞれ 3 回ずつ聞いてください。
- それぞれの文にもっともふさわしい絵を、下の①〜⑤のなかから 1 つずつ選び、解答欄のその番号にマークしてください。ただし、同じものを複数回用いることはできません。
（メモは自由にとってかまいません）
〈CD を聞く順番〉 ⓞ⑮ ⇨ ⓞ⑯

(1)

(2)

(3)

(4)

(5)

①　　② 　　③

④ 　　⑤

(13 秋)

解 説

(1) Qu'est-ce que tu prends ?「何にする」
　この文では動詞 prendre が「(食べもの、飲みものを) 注文する」という意味で用いられています。メニューを見ながら男性と女性が話をしている⑤が正解です。
　Je prends un café au lait.「私はカフェ・オ・レにします」(『仏検公式基本語辞典』p.222)

(2) Au revoir.「さようなら」
　男性が女性に向かって別れのあいさつをしているイラストの④が正解です。

(3) C'est trop petit !「小さすぎるよ」
　お皿のうえの小さなケーキを前に不満そうな表情の男性を描いたイラストの③が正解です。副詞 trop は、この問題のように大きさや数、量などについて「あまりにも〜すぎる」という意味で用います。
　Cette robe est trop grande pour moi.「このドレスは私には大きすぎる」(『仏検公式基本語辞典』p.284)

(4) Un billet pour Paris, s'il vous plaît.「パリまで1枚お願いします」
　billet [bijɛ ビィエ] はここでは列車の「切符」の意になり、駅の窓口で男性客と女性の係員がやりとりをしている②のイラストが正解です。行き先を示す pour Paris「パリまでの」という表現もヒントになりそうです。

(5) Il y a quelqu'un ?「だれかいますか」
　quelqu'un [kɛlkœ̃ ケルカン] は「だれか」の意で、無人の受付で男性が声をかけている①が正解です。

解 答　(1) ⑤　　(2) ④　　(3) ③　　(4) ②　　(5) ①

練習問題 3

- フランス語の文 (1)〜(5) を、それぞれ 3 回ずつ聞いてください。
- それぞれの文にもっともふさわしい絵を、下の①〜⑤のなかから 1 つずつ選び、解答欄のその番号にマークしてください。ただし、同じものを複数回用いることはできません。
（メモは自由にとってかまいません）
〈CD を聞く順番〉 🎧 ❼ ⇨ 🎧 ❽

(1)
(2)
(3)
(4)
(5)

① ② ③

④ ⑤

(14 春)

[解　説]

(1) J'ai soif !「のどが渇いたわ」
　〈avoir ＋ 名詞〉の形をとる慣用表現の問題です。avoir soif は「のどが渇いている」という意味ですから、暑そうにしている女性を描いたイラストの③が正解です。

(2) Deux cartes, s'il vous plaît.「はがきを2枚ください」
　女性が絵はがきを買っている、②のイラストが正解です。carte には、この問題の「はがき、カード」のほか、「地図」「メニュー」など、さまざまな意味があります。
　C'est une carte de France.「これはフランスの地図です」(『仏検公式基本語辞典』p.42)
　à la carte「一品料理で、アラカルトで」(同)
　(carte は料理やワインを値段とともに示したリストのことで、日本でいう「メニュー」にあたります。ちなみにフランス語の menu は「定食、コース料理」を指し、日本語の「メニュー」とは意味がことなるので注意が必要です)

(3) Il y a des places, là !「そこに席がある（そこが空いている）わ」
　映画館と思われる場所で、女性が空席を指さしているイラストの①が正解です。place は「広場」のほか、問題文のように、（劇場や乗りものなどの）「座席」という意味で用いることができます。
　Cette place est libre ?「この席は空いていますか」(『仏検公式基本語辞典』p.214)
　là は「そこに」という場所を示す副詞です。よく似た意味の副詞に là-bas がありますが、là-bas は「やや離れた場所」または「（外国のような）遠い場所」を指すのがふつうです。
　Où est la sortie ?「出口はどこですか」— C'est là-bas.「向こうですよ」
　Vous connaissez Lyon ?「リヨンをご存じですか」— Oui, j'ai des amis là-bas.「はい、そこ（リヨン）には友だちがいます」(『仏検公式基本語辞典』p.155)

(4) Bon voyage !「いってらっしゃい（よい旅行を）」

練習問題1 (5)でも見た〈bon＋名詞〉の形をとる日常表現の1つです。列車に乗っている男性を女性が見送っている⑤のイラストが正解です。原文のフランス語をそのまま訳せば「よい旅行を」ということですが、ここでは日本語の「いってらっしゃい」に近い感じでしょう。

(5) Tu viens avec moi.「いっしょに来なさい」
　買いものに出ようとしている母親が、娘に向かっていっしょに来るように言っています。イラストの④が正解です。

解　答　(1) ③　　(2) ②　　(3) ①　　(4) ⑤　　(5) ④

4 フランス語の文を聞き、**肯定・否定、単数・複数、男性・女性の別を聞き分ける**問題です。(1)〜(5)の文の内容に合うイラストをそれぞれ2つの選択肢から選んで解答します。(配点 10)

　一般に名詞の単数・複数、男性・女性を耳で聞いて区別するには、冠詞や所有形容詞、指示形容詞などの形と音のちがいが手がかりになります。では、代名詞の場合はどうでしょうか。
　たとえば3人称の代名詞は、il と ils、elle と elles の音が同じで、それだけではどちらなのかを聞き分けることはできませんが、

　　il **est** / ils **sont**
　　elle **va** / elles **vont**

のように、動詞の形と音のちがいに注目すれば、単数と複数を区別することができます。
　また1人称の代名詞 je、nous も、単独では男女の別を示しませんが、

　　Je suis **japonais**. / Je suis **japonaise**.
　　Nous sommes **heureux**. / Nous sommes **heureuses**.

のように、形容詞の語尾がことなれば、男性か女性かを耳で聞いて区別することができます（ただし、nous については、男女が混じっている場合も文法上は男性として扱われるので注意してください）。

　この問題では、冠詞や所有形容詞、指示形容詞のほか、上に見た動詞や形容詞の（語尾の）音を手がかりに、性・数の区別をすることが求められます（ここで言う男女の区別は、もちろん文法的な規則にもとづいておこなわなければならず、実際に聞こえてくる声が男性のものかそれとも女性のものかは、それ自体は判断の材料にはなりません）。

　以上の点を念頭に置いて、このあとの練習問題にあたってみましょう。

練習問題 1

- フランス語の文 (1)〜(5) を、それぞれ 3 回ずつ聞いてください。
- (1)〜(5) の文にふさわしい絵を、それぞれ①、②から選び、解答欄のその番号にマークしてください。
  （メモは自由にとってかまいません）
  〈CD を聞く順番〉 🔘❶⁹ ⇨ 🔘❷⁰

(1) ①　　②

(2) ① 　　②

(3) ① 　　②

(4) ① 　　②

(5) ① 　　②

(13 春)

100

|解　説|

(1) Voici notre chat.「これは私たちの猫です」
　所有形容詞の音を手がかりに名詞の単複を判断します。問題文の notre [nɔtr ノトる]「私たちの」は単数形の名詞とともに用いる形ですから、猫は 1 匹ということになり、①が正解です。②のように複数の猫について述べる場合は、nos [no ノ] を用いることになります。

(2) Je suis américain.「私はアメリカ人です」
　イラストは①が女性、②が男性ですから、文の主語の je「私」が女性か男性かを区別する問題であることがわかります。「アメリカ（人）の」にあたる形容詞は男性形が américain [amerikɛ̃ アメリカン]、女性形は語尾に -e を付けた américaine [amerikɛn アメリケヌ] で、ここでは前者ですから、②が正解です。

(3) Il ne porte pas de cravate.「彼はネクタイをしていません」
　イラストを見くらべると、①は男性がネクタイをしており、②はネクタイをしていません。①のように、「彼はネクタイをしている」と述べるのであれば Il porte une cravate. となりますが、ここでは ne ... pas という否定の表現を使って Il ne porte pas de cravate.「彼はネクタイをしていない」と述べられており、②が正解です。ne ... pas の部分を手がかりに、肯定か否定かを区別する問題ですが、否定文では直接目的語（ここでは cravate）の前の不定冠詞や部分冠詞が de に変わるので、この点も聞き取りの際のポイントになりそうです。

(4) Cet étudiant travaille bien.「この学生はよく勉強する」
　名詞の語尾の音を聞き取り、étudiant「学生」が男性か女性かを判断します。étudiant は男性形が [etydjɑ̃ エチュディヤン]、女性形 étudiante は [etydjɑ̃:t エチュディヤーント] と発音され、ここでは前者なので②が正解です。問題文では étudiant の前に「この」という意味の指示形容詞 cet が置かれています。女性形ではこの部分も cette に変わることになりますが、cet と cette はどちらも [sɛt セット] で音が同じですから、ここでは指示形容詞の音で男女の区別をすることはできません。

(5) Ils font la cuisine.「彼らは料理をしています」

　この文では、faire la cuisine「料理をする」という表現にふくまれる動詞 faire の活用形に注目し、主語が単数か複数かを判断します。代名詞 il は単数の il と複数の ils の音が同じで、この部分だけでは単複の区別ができません。faire の 3 人称の活用は、単数であれば fait [fɛ フェ]、複数であれば font [fɔ̃ フォン] となり、ここでは後者ですから、②が正解です

解　答　(1) ①　　(2) ②　　(3) ②　　(4) ②　　(5) ②

練習問題 2

- フランス語の文 (1)〜(5) を、それぞれ 3 回ずつ聞いてください。
- (1)〜(5) の文にふさわしい絵を、それぞれ①、②から選び、解答欄のその番号にマークしてください。
  （メモは自由にとってかまいません）
  〈CD を聞く順番〉 ◎ ㉑ ⇨ ◎ ㉒

(1) ①　　②

(2) ①　　②

(3) ①　　②

(4) ①　　②

(5) ①　　②

(13 秋)

解　説

(1) Elle choisit des fruits.「彼女はくだものを選んでいる」
　イラストは①が女性 1 人、②が女性 2 人ですから、文の主語が単数か複数かを区別する問題であることがわかります。「選ぶ」という意味の動詞 choisir の 3 人称の活用は、単数であれば choisit [ʃwazi ショワズィ]、複数であれば choisissent [ʃwazis ショワズィス] で、ここでは前者ですから、①が正解です。

(2) Cette élève danse bien.「この生徒はダンスがじょうずです」
　指示形容詞の形を手がかりに、élève「生徒」が単数か複数かを区別します。生徒（女性）が単数の cette élève であればアンシェヌマンにより [sɛtelɛːv セテレーヴ]、複数の ces élèves の場合はリエゾンをして [sezelɛːv セゼレーヴ] となり、ここでは前者なので、①が正解です。

(3) Voici des roses.「ここにバラがあります」
　複数形の不定冠詞 des [de デ] の音を聞き取り、roses「バラ」が複数であることを判断します。仮に「バラが 1 本ある」と述べるのであれば、Voici une rose. となるところです。

(4) Elle appelle ses enfants.「彼女は子どもたちを呼ぶ」
　問題文の「子ども（たち）」は「彼女の子ども（たち）」の意で、「彼女の」にあたる所有形容詞は、enfant が単数であれば son、複数の enfants であれば ses を用います。ここでは [sezɑ̃fɑ̃ セザンファン] と発音されているので、所有形容詞は ses、子どもは複数ということになり、②が正解です。単数の son enfant の場合は、リエゾンではなく、アンシェヌマンを行って [sɔ̃nɑ̃fɑ̃ ソンナンファン] となります。この文では ses と enfants の間でリエゾンが生じ、単独では発音されない ses の語尾の s の音（[z]）が現れていることが聞き取りのポイントになりそうです。

(5) Il y a encore du pain.「まだパンがあります」
　イラストの①は籠にパンが入っていますが、②はからですから、「パンがまだある」という肯定か、それとも「パンはもうない」という否定かの区別になり、①が正解です。仮に「パンはもうない」と述べるのれであれば、ne ...

plus という否定の表現を用い、Il n'y a plus de pain. となります。

解 答 (1) ①　　(2) ①　　(3) ②　　(4) ②　　(5) ①

| 練習問題 3 |

- フランス語の文(1)〜(5)を、それぞれ3回ずつ聞いてください。
- (1)〜(5)の文にふさわしい絵を、それぞれ①、②から選び、解答欄のその番号にマークしてください。
（メモは自由にとってかまいません）
〈CDを聞く順番〉 ◎ ㉓ ⇨ ◎ ㉔

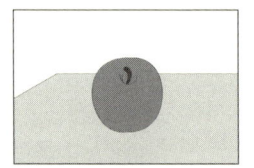

(14 秋)

解　説

(1) Elles vont à Paris.「彼女たちはパリに行く」
　動詞の活用語尾を手がかりに、主語が単数か複数かを区別します。問題文の vont [vɔ̃ ヴォン] は動詞 aller「行く」の3人称複数の活用形ですから、主語は複数ということになり、②が正解です。①のように女性が1人であれば、3人称単数の活用形 va [va ヴァ] を用い、Elle va à Paris. となるところです。

(2) Je prends cette jupe.「このスカートをいただきます」
　jupe「スカート」の前に置かれた指示形容詞 cette [sɛt セット] の音から、jupe はここでは単数であることがわかるので、①が正解です。複数形の jupes であれば、指示形容詞もこれに合わせて複数形の ces [se セ] を用い、ces jupes になります。

(3) Il y a des fruits.「くだものが（いくつか）あります」
　練習問題2 (3)と同様、不定冠詞の音を手がかりに、fruit「くだもの」が単数か複数かを判断します。①のように「くだもの」が1つの場合は un fruit [œ̃frɥi アンフリュイ]、②のようにいくつかあれば des fruits [defrɥi デフリュイ] となり、ここでは後者ですから、②が正解です。

(4) Je suis heureuse.「私はしあわせです」
　形容詞の語尾の音を聞き取り、「私」が女性か男性かを判断します。問題文の heureuse [œrø:z ゥるーズ] は、「しあわせな」という意味の形容詞 heureux [œrø ゥるー] の女性形ですから、「私」は女性ということになり、①が正解です。

(5) Voilà mes parents.「こちらが両親です」
　イラストを見くらべると、①は男性1人、②は男女が1人ずつです。「私の」という意味の所有形容詞は、単数形の名詞には mon [mɔ̃ モン] または ma [ma マ]、複数形の名詞には mes [me メ] を用い、ここでは後者なので、②が正解であることがわかります。単数形の parent と複数形の parents は音が同じで、(3)の fruit と同様、この問題でも名詞の部分だけでは単複の区別はできません。所有形容詞については、筆記試験1の冒頭に示した一覧（p.15）で形を確認しておくとよいでしょう。

解　答　(1) ②　　(2) ①　　(3) ②　　(4) ①　　(5) ②

第2部
2015年度
問題と解説・解答

2015年度春季5級出題内容のあらまし

［筆記］
1. 冠詞、指示形容詞、所有形容詞（穴うめ・選択）
2. 動詞活用（穴うめ・選択）
3. 語順（語句の並べかえによる仏文完成・選択）
4. 応答文（仏文選択）
5. 語彙（選択）
6. 対になる表現・語句（絵の内容に対応する仏文選択）
7. 会話文（穴うめ・選択）

［聞き取り］
1. 応答文（仏文選択）
2. 数（マーク式による記入）
3. 短文（仏文に対応する絵の選択）
4. 男性・女性、単数・複数、肯定・否定の区別（仏文に対応する絵の選択）

2015年度春季5級筆記試験

2015年度春季
実用フランス語技能検定試験
試験問題冊子 〈5級〉

問題冊子は試験開始の合図があるまで開いてはいけません。

```
筆 記 試 験   10 時 00 分 ～ 10 時 30 分
              (休憩なし)
聞き取り試験   10 時 30 分から約 15 分間
```

◇問題冊子は表紙を含め 16 ページ、筆記試験が 7 問題、聞き取り試験が 4 問題です。

注 意 事 項

1　途中退出はいっさい認めません。
2　筆記用具は **HB または B の黒鉛筆**(シャープペンシルも可)を用いてください。
3　解答用紙の所定欄に、**受験番号**と**カナ氏名**が印刷されていますから、間違いがないか、**確認**してください。
4　**解答は、解答用紙の解答欄にマークしてください**。例えば、1 の (1) に対して ③ と解答する場合は、次の例のように解答欄の ③ にマークしてください。

解答番号	解 答 欄
(1)	① ② ●

例 1

5　解答に関係のないことを書いた答案は無効にすることがあります。
6　解答用紙を折り曲げたり、破ったり、汚したりしないように注意してください。
7　問題内容に関する質問はいっさい受けつけません。
8　不正行為者はただちに退場、それ以降および来季以後の受験資格を失うことになります。
9　**携帯電話等の電子機器の電源は必ず切って、かばん等にしまってください。**
10　**時計のアラームは使用しないでください。**
11　この試験問題の複製 (コピー) を禁じます。また、この試験問題の一部または全部を当協会の許可なく他に伝えたり、漏えいしたりすることを禁じます (インターネットや携帯サイト等に掲載することも含みます)。

筆記試験終了後、休憩なしに聞き取り試験にうつります。

©2015 公益財団法人フランス語教育振興協会

1 次の (1) ～ (5) の ( ) 内に入れるのに最も適切なものを、それぞれ ① ～ ③ のなかから1つずつ選び、解答欄のその番号にマークしてください。(配点 10)

(1) C'est ( ) beau jardin.

　　　① des　　　② un　　　③ une

(2) Je vais en France ( ) été.

　　　① ce　　　② ces　　　③ cet

(3) Vous voulez ( ) fromage ?

　　　① de　　　② des　　　③ du

(4) ( ) frère est étudiant ?

　　　① Ta　　　② Tes　　　③ Ton

(5) ( ) robe de Marie est très jolie.

　　　① La　　　② Le　　　③ Les

2

次の (1) 〜 (5) の ( ) 内に入れるのに最も適切なものを、それぞれ ① 〜 ③ のなかから1つずつ選び、解答欄のその番号にマークしてください。(配点 10)

(1) Ils ( ) souvent à leurs parents.

    ① écrivent   ② écrivez   ③ écrivons

(2) Je ne ( ) pas.

    ① sais   ② sait   ③ savent

(3) Nathalie ( ) sa mère.

    ① appelle   ② appellent   ③ appelles

(4) Tu ( ) du thé le matin ?

    ① bois   ② boit   ③ boivent

(5) Vous ( ) bien ?

    ① entendent   ② entendez   ③ entendons

3

例にならい、次の (1) 〜 (4) において、それぞれ ① 〜 ③ をすべて用いて、あたえられた日本語に対応する文を完成したときに、(　) 内に入るのはどれですか。① 〜 ③ のなかから1つずつ選び、解答欄のその番号にマークしてください。(配点　8)

例： 私たちはパリの出身です。

　　　Nous _____ (____) _____ .

　　　　① de　　② Paris　　③ sommes

　　　Nous sommes (de) Paris .
　　　　　　③　　　①　　②

となり、③ ① ② の順なので、(　) 内に入るのは ①。

(1) 彼らはオフィスにいます。

　　　Ils _____ (____) _____ .

　　　　① au　　② bureau　　③ sont

(2) けさから雨が降っている。

　　　Il pleut _____ (____) _____ .

　　　　① ce　　② depuis　　③ matin

(3) これは新しいホテルです。

　　　C'est _____ (____) _____ .

　　　　① hôtel　　② nouvel　　③ un

(4) もう食べたくない。

　　　Je ne _____ (____) _____ .

　　　　① manger　　② plus　　③ veux

4 次の (1) 〜 (4) に対する応答として適切なものを、それぞれ ①、② から選び、解答欄のその番号にマークしてください。(配点 8)

(1) Comment rentrez-vous ?

① À minuit.
② En métro.

(2) Où est votre sœur ?

① Elle joue dans sa chambre.
② Elle travaille bien.

(3) Quel livre choisis-tu ?

① J'achète un livre.
② Un livre de cuisine.

(4) Tu ne pars pas en vacances ?

① Non, je reste à Paris.
② Oui, vendredi soir.

5

次の (1) 〜 (4) において、日本語で示した**特徴を持たない語**を、それぞれ ① 〜 ③ のなかから 1 つずつ選び、解答欄のその番号にマークしてください。（配点 8）

(1) あいさつ

　　① bonsoir　　② peut-être　　③ salut

(2) 知覚

　　① écouter　　② fermer　　③ regarder

(3) 月

　　① août　　② juin　　③ mardi

(4) 乗りもの

　　① bateau　　② cravate　　③ vélo

2015 年度春季 5 級筆記試験

6 次の (1) 〜 (4) の絵に対応する文を、それぞれ ①、② から選び、解答欄のその番号にマークしてください。(配点　8)

(1)
① Elle descend du bus.
② Elle monte dans le bus.

(2)
① Ils font un gâteau.
② Ils mangent du gâteau.

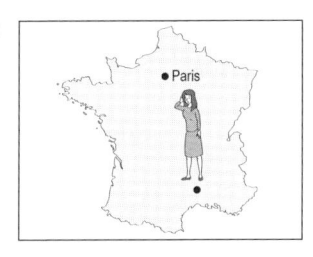

(3)
① J'habite loin de Paris.
② J'habite près de Paris.

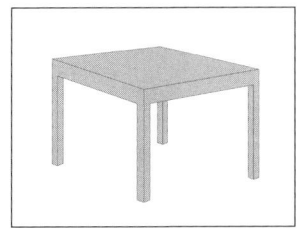

(4)
① La table est ronde.
② La table n'est pas ronde.

7 次の会話を読み、(1)～(4)に入れるのに最も適切なものを、それぞれ ①～③ のなかから１つずつ選び、解答欄のその番号にマークしてください。
（配点 8）

Sophie : Il fait beau aujourd'hui.
Pierre : Eh oui ! Le printemps revient.
Sophie : Nous allons à la campagne ? Les fleurs sont très (1) maintenant.
Pierre : Bonne idée ! (2) est-ce que nous partons ?
Sophie : Cet après-midi, (3) le déjeuner.
Pierre : Moi, je préfère déjeuner là-bas.
Sophie : D'accord. Je (4) des sandwichs*.
Pierre : Très bien !

* sandwich : サンドイッチ

(1) ① belles ② chères ③ légères
(2) ① Comment ② Où ③ Quand
(3) ① après ② dans ③ en
(4) ① finis ② prépare ③ vends

聞き取り試験問題

聞き取り試験時間は、
10時30分から約15分間

注 意 事 項

1 聞き取り試験は、CD・テープでおこないますので、CD・テープの指示に従ってください。
2 解答はすべて筆記試験と同じ解答用紙の解答欄に、**HBまたはBの黒鉛筆**(シャープペンシルも可)でマークしてください。

1

- フランス語の文 (1) ～ (5) を、それぞれ 3 回ずつ聞いてください。
- (1) ～ (5) の文に対する応答として適切なものを、それぞれ ①、② から選び、解答欄のその番号にマークしてください。
  （メモは自由にとってかまいません）（配点　10）

〈CD を聞く順番〉 ㉕ ⇨ ㉖

(1) ① À huit heures dix.

　　② Le premier train.

(2) ① Ce sont mes fils.

　　② J'ai deux fils.

(3) ① C'est l'école de Marc.

　　② C'est le père de Marc.

(4) ① C'est très bon.

　　② C'est un fruit.

(5) ① Oui, elle est japonaise.

　　② Si, elle est japonaise.

2
- フランス語の文 (1) 〜 (5) を、それぞれ 3 回ずつ聞いてください。
- どの文にも必ず数が含まれています。例にならって、その数を解答欄にマークしてください。

（メモは自由にとってかまいません）（配点　10）

〈CD を聞く順番〉 🎧 ❷ ⇨ 🎧 ❷

(例)

- 「7」と解答したい場合には、

  とマークしてください。

- 「15」と解答したい場合には、

  とマークしてください。

(1)

(2)

(3)

(4)

(5)

3

- フランス語の文 (1) 〜 (5) を、それぞれ 3 回ずつ聞いてください。
- それぞれの文に最もふさわしい絵を、下の ① 〜 ⑤ のなかから 1 つずつ選び、解答欄のその番号にマークしてください。ただし、同じものを複数回用いることはできません。

  （メモは自由にとってかまいません）（配点　10）

〈CD を聞く順番〉 🅒 ㉙ ⇨ 🅒 ㉚

(1)

(2)

(3)

(4)

(5)

122

2015 年度春季 5 級聞き取り試験

4
- フランス語の文 (1) 〜 (5) を、それぞれ 3 回ずつ聞いてください。
- (1) 〜 (5) の文にふさわしい絵を、それぞれ ①、② から選び、解答欄のその番号にマークしてください。
（メモは自由にとってかまいません）（配点　10）

〈CD を聞く順番〉 🎧 ㉛ ⇨ 🎧 ㉜

(1) ①　　②

(2) ①　　②

(3) ①　　②

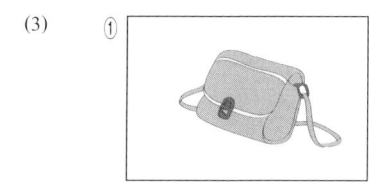

(4) ①　　②

(5) ①　　②

123

2015年度春季 5級

総評　今季の出願者は1704名、受験者は1504名でした。合格者は1271名で、対実受験者の合格率は85％でした。2014年度春季の合格率が88％、2014年度秋季が84％でしたので、今回は前年度秋季とほぼ同じ水準です。

　全体の得点率は77％でした。筆記試験の得点率は80％でしたが、聞き取り試験の得点率が72％で、筆記試験の結果と開きがありました。

　筆記試験①から⑦の大問ごとの平均得点率は、70％から86％の間に収まりました。また各設問の平均得点率も、⑦の(3)を除いて、50％未満のものはありませんでした。

　⑦は、短い会話文の空欄に適切な語を入れて文を完成させる問題です。問題全体の得点率は70％でしたが、前置詞を選択する(3) Cet après-midi, (après) le déjeuner. は47％の得点率にとどまりました。英語でもafter、before、of、fromなどは初歩の段階で覚えるように、フランス語でもaprès、avant、deなど、基本的な前置詞は5級レベルで習得しておきましょう。5級では前置詞を問う大問はなく、この⑦の設問で問われることがあるだけです。4級になると前置詞を問う大問があり、4級にステップアップするためのポイントの1つです。ふだんから前置詞に注意して、使い方に慣れておきましょう。

　聞き取り試験では、③と④の平均得点率がそれぞれ66％、65％で、やや低い結果となりました。

　短文を聞き取り、対応するイラストを選択する③では、(1)～(3)の得点率がすべて60％未満でした。(1) C'est pour toi.「これはあなたによ」に対応するイラストの⑤（相手にプレゼントを渡す場面）と、(3) C'est gentil.「ありがとう」に対応する②（プレゼントを受け取っている場面）の2つを見分けるのがむずかしかったようです（2つのイラストは一見よく似ていますが、⑤は女性がプレゼントを差し出している場面であることがわかります）。(2) Asseyez-vous.「おすわりください」は、「すわる」という意味の代名動詞 s'asseoir の命令形ですが、5級では日常表現の1つとして Asseyez-vous. という言い方を知っているかどうかが問われます。

　男性形と女性形、単数形と複数形を音で区別する④では、(3) Je donne

ces sacs. の得点率が 51% にとどまりました。受験者のほぼ半数が、指示形容詞 ce [s ス]「この」と ces [se セ]「これらの」を区別することができなかったことになります。

　フランス語ではつづりと音の関係に一定の規則があり、この規則に少しずつ慣れていくことも必要です。そのためには、初級文法を習う段階で、文を何度も音読する習慣を身につけるとよいでしょう。

筆 記 試 験
解説・解答

1　名詞と結びつく冠詞（不定冠詞、定冠詞、部分冠詞）と指示形容詞、所有形容詞に関する問題です。

解　説

(1) C'est (un) beau jardin.「これは美しい庭園です」
　適切な不定冠詞を 3 つの選択肢から選ぶ問題です。不定冠詞は男性名詞単数には un、女性名詞単数には une、複数名詞には des を用います。問題文の名詞 jardin「庭」の性（男性・女性）と数（単数・複数）に一致するものを選びます。ここでは jardin に複数を示す s がありませんから、数は単数です。男性名詞か女性名詞か判断ができない場合は形容詞に注意してください。名詞を修飾する形容詞は名詞の性・数に一致しなければなりません。設問文では形容詞 beau「美しい」は男性単数の形ですから、jardin は男性名詞であることがわかります。正解は ② un です。この文の不定冠詞は、いくつもある美しい庭園のうちの「ある 1 つ」であることを示しています。得点率は 90％ でした。

(2) Je vais en France (cet) été.「私はこの夏、フランスに行きます」
　指示形容詞の問題です。「この」「あの」「その」を表わす指示形容詞は、冠詞と同様、修飾する名詞の性・数に一致するものを用います。選択肢 ① ce と ③ cet は、どちらも単数形の男性名詞とともに用いる指示形容詞です。été「夏」は男性名詞ですが、母音で始まることに注意してください。母音で始まる男性名詞には cet [sɛt セット] を使い、cet été [sɛtete セテテ] のように次の語頭の母音とつづけて発音します。選択肢 ② ces は、複数名詞とともに用いる形です。正解は ③ cet、得点率は 76％ でした。

(3) Vous voulez (du) fromage ?「チーズをいかがですか」
　名詞の前で用いる、部分冠詞についての問題です。fromage は「チーズ」ですが、たとえばカマンベールチーズをイメージしてください。1 つ丸ごと食べることはまれで、ふつうは 1 つのチーズをいくつかの部分に切り分けたものを食べます。部分冠詞はこのように、「全体のある一部」を問題

にするときに使います。また液体のような「数えられないもの」のある量を表わします。したがって複数形はありません。男性名詞には du を、女性名詞には de la を用います。設問の文では fromage が男性名詞なのか女性名詞なのかは判断できませんが、選択肢には女性形の de la がないため、③ du が正解です（つまり fromage は男性名詞ということになります）。② des は不定冠詞の複数形ですから、複数形の名詞とともに用います。① de は否定の冠詞です。得点率は 71% でした。

⑷ (Ton) frère est étudiant ?「君の兄（弟）は大学生ですか」
「君の」にあたる、適切な所有形容詞を選びます。男性名詞単数には ton、女性名詞単数には ta、複数名詞には tes の形を用います。frère「兄（弟）」はもちろん男性名詞で、ここでは単数ですから、③ Ton が正解です。仮に frère の意味がわからない場合は étudiant の形に注意しましょう。設問文の étudiant は男性形なので（女性の場合は e がついて étudiante となります）、frère も男性名詞であることがわかります。得点率は 74% でした。

⑸ (La) robe de Marie est très jolie.「マリのドレスはとてもすてきです」
定冠詞の問題です。定冠詞は、男性名詞単数には le、女性名詞単数には la（ただし、その名詞が母音で始まるときは、男性名詞も女性名詞も l'）、複数名詞には les を用います。名詞 robe「ドレス」の性がポイントですが、ヒントがどこにあるかもうおわかりだと思います。robe を形容する jolie「美しい、すてきな」が女性形なので（男性形は joli です）、robe は女性名詞ということになり、① La が正解です。この文では定冠詞 la は robe を特定するはたらきをもちます。une robe は不特定の「ある 1 枚のドレス」ですが、la robe de Marie は「マリのドレス」という特定されたドレスを指しています。得点率は 85% でした。

問題 1 全体の得点率は 79% でした。
解 答 ⑴ ②   ⑵ ③   ⑶ ③   ⑷ ③   ⑸ ①

② 基本的な動詞の活用についての問題です。
解説
(1) Ils (écrivent) souvent à leurs parents.「彼らは自分たちの両親によく手紙を書く」
選択肢の動詞は écrire「書く」です。〈écrire à + 人〉の形で「～に手紙を書く」という意味になります。活用は j'écris、tu écris、il / elle écrit、nous écrivons、vous écrivez、ils / elles écrivent ですから、① écrivent が正解です。得点率は 88％ でした。

(2) Je ne (sais) pas.「私は知りません」
選択肢の動詞は savoir「知っている」です。活用は je sais、tu sais、il / elle sait、nous savons、vous savez、ils / elles savent となり、① sais が正解です。得点率は 90％ でした。

(3) Nathalie (appelle) sa mère.「ナタリは彼女の母親を呼ぶ（母親に電話する）」
選択肢の動詞は、「呼ぶ、電話する」という意味で用いる appeler です。-er 型の規則動詞ですから、語尾は -e、-es、-e、-ons、-ez、-ent と変化しますが、語幹にあたる appel の変化に注意してください。不定詞（原形）と nous、vous の語幹は appel ですが、それ以外の人称、je、tu、il / elle、ils / elles では l を重ねて appell となります。したがって、活用は j'appelle、tu appelles、il / elle appelle、nous appelons、vous appelez、ils / elles appellent となります。Nathalie「ナタリ」は女性の名前で、代名詞では 3 人称単数の elle「彼女」になりますから、正解は ① appelle です。得点率は 68％ でした。

(4) Tu (bois) du thé le matin ?「君は朝、紅茶を飲むの？」
選択肢の動詞は boire「飲む」です。活用は je bois、tu bois、il / elle boit、nous buvons、vous buvez、ils / elles boivent となり、① bois が正解です。得点率は 80％ でした。

(5) Vous (entendez) bien ?「よく聞こえますか」
選択肢の動詞は entendre「聞こえる」です。「聞く」écouter と使い分けら

2015 年度春季 5 級筆記試験　解説・解答

れるようにしましょう（5(2)の解説を参照）。活用は j'entends、tu entends、il / elle entend、nous entendons、vous entendez、ils / elles entendent です。正解は② entendez、得点率は 93％ でした。

問題2全体の得点率は 84％ でした。
解　答　(1) ①　　(2) ①　　(3) ①　　(4) ①　　(5) ②

3　選択肢としてあたえられた語句を並べかえ、文を完成する問題です。
解　説
(1) Ils sont (au) bureau.「彼らはオフィスにいます」
　主語 ils につづく動詞をさがします。選択肢③に、動詞 être の 3 人称複数 sont がありますから、Ils sont とします。② bureau は、「机」のほかに「オフィス、事務所」の意味があります。どこにいるかを示すには場所の前置詞 à が必要です（たとえば、「彼らはパリにいます」なら、Ils sont à Paris. となります）。bureau は男性名詞単数ですから、定冠詞 le をそえ、前置詞 à のあとに le bureau がきます。このとき前置詞 à と定冠詞 le は 1 つの語に変換されます。変換した語が選択肢①の au です。これを bureau の前に置くと文が完成します。正解は①、得点率は 98％ でした。

(2) Il pleut depuis (ce) matin.「けさから雨が降っている」
　「けさから」の部分を完成します。「～から」を表わす前置詞は②の depuis です。③の名詞 matin「朝」の前に、「この」「あの」「その」という意味の指示形容詞 ce を置いて depuis ce matin とします。depuis は、(1)で見た à や chez「～の家で」などとともに、初級レベルでよく使われる前置詞ですから、かならず覚えておきましょう。正解は①、得点率は 85％ でした。

(3) C'est un (nouvel) hôtel.「これは新しいホテルです」
　C'est のあとにつづく、「新しいホテル」にあたる部分の語順を考えます。①の名詞 hôtel「ホテル」に③の不定冠詞 un をつけると un hôtel ですが、これに②の形容詞 nouvel「新しい」を加えなければなりません。この形容詞の位置がポイントです。

129

nouvel は「新しい」という意味の形容詞 nouveau の形が変化したものです。フランス語の形容詞は原則として名詞のあとに置きますが、nouveau は名詞の前に置かれます。つまり、「新しいホテル」は un nouvel hôtel となり、②が正解です。
　では、なぜここでは nouveau ではなく、nouvel という形が用いられているのでしょうか。nouveau [nuvo ヌーヴォ] は語尾が母音 [o ォ] の音で終わるため、次にくる名詞が母音で始まると母音の音が連続して発音しにくくなります。そのため母音や、この問題の hôtel のように無音の h で始まる単数形の男性名詞には nouvel の形が用意されています。これを男性第2形と呼びます。beau → bel「美しい」、vieux → vieil「古い、年老いた」などの場合もこれと同じです。得点率は 65% でした。

　(4) Je ne veux (plus) manger.「もう食べたくない」
　主語のあとに否定の表現の ne がつづいていますが、選択肢には pas はありません。ここでは否定の表現に、「もう〜ない」という意味の ne ... plus が用いられています。語順は ne ... pas と同じく、動詞を ne と plus ではさみます。選択肢には動詞が2つあり、③ veux は活用した形 (vouloir「〜したい」の1人称、2人称単数の活用形) ですが、① manger は活用していない不定詞の形です。このように動詞が2つあるとき、否定の表現 ne ... pas または ne ... plus は2つの動詞をはさむのではなく、Je ne veux pas manger. あるいは Je ne veux plus manger. のように、活用している動詞だけをはさみます。正解は②、得点率は 73% でした。

　問題3全体の平均得点率は 80% でした。
解　答　(1) ①　　(2) ①　　(3) ②　　(4) ②

4　フランス語の質問を読み、2つの選択肢から適切な応答を選ぶ問題です。
解　説
　(1) Comment rentrez-vous ?「どうやって帰りますか」
　rentrer は「(家に) もどる」の意で、疑問詞 comment を用いて帰宅の方法を尋ねている質問です。① À minuit.「午前0時に」は時刻、② En métro.「地下鉄で」は交通手段を述べる言い方ですから、②が正解です。移動の

手段を示す表現では、en train「電車で」、en voiture「車で」、en bus「バスで」のように、前置詞 en を用います。ただし「徒歩で」は à pied になります。得点率は 86％ でした。

(2) Où est votre sœur ?「あなたの妹はどこにいますか」
① Elle joue dans sa chambre.「彼女は自分の部屋で遊んでいます」が正解です。② Elle travaille bien.「彼女はよく働きます（勉強します）」では、疑問詞 où を用いて場所を尋ねている質問の答えにはなりません。得点率は 89％ でした。

(3) Quel livre choisis-tu ?「どの本にする」
choisir は「選ぶ」という意味の動詞です。疑問詞 quel を用いて、選ぶ本の種類を尋ねている質問ですから、② Un livre de cuisine.「料理の本」が正解です。① J'achète un livre. の acheter は「買う」という意味の動詞で、「私は本を 1 冊買います」では、どの本を買うのかわかりません。得点率は 81％ でした。

(4) Tu ne pars pas en vacances ?「君はバカンスに出かけないの？」
この文では、「バカンスに出かける」という意味で、partir en vacances という言い方が用いられています。この問題では、否定疑問文で「～ではないのですか」と尋ねられたときの答え方に注意しましょう。「バカンスに出かけないの？」という問いに対し、「出かけません」と答える（否定で応じる）のであれば、**Non**, je ne pars pas. のように non を用います（日本語に訳せば、「**はい、出かけません**」となります）。一方、答えの文で、質問とは逆に「出かけます」と述べる場合（肯定で応じる場合）は、**Si**, je pars.「**いいえ、出かけます**」となり、si を用いて答えます。
つまり、「バカンスに出かけないの？」という否定の疑問に対して、② Oui, vendredi soir. のように oui を用いて答えることはできず、① Non, je reste à Paris.「はい、私はパリにいます」が正解になります。この文は、「バカンスには出かけない」と述べているのと同じことですから、否定の Non が用いられている点に注意してください。② Oui, vendredi soir.「はい、金曜日の晩に」は日本語では正しく聞こえますが、この文は「（金曜日の晩に）バカンスに出かける」という意味（肯定）ですから、フランス語では

Oui ではなく Si を用いて答えなければなりません。得点率は 89% でした。

問題④全体の得点率は 86% でした。
[解 答] (1) ②　　(2) ①　　(3) ②　　(4) ①

⑤　日本語の指示にしたがい、選択肢のなかから適切な語を選ぶ問題です。
[解 説]
　(1) 3つの表現のなかから、「あいさつ」でないものを選びます。① bonsoir は「こんばんは」です。② peut-être は「たぶん」ですから、あいさつの表現ではありません。③ salut「やあ」は親しい間柄で用いる言い方で、会ったときだけでなく、別れるときにも「じゃあまた」という意味で使います。正解は②です。得点率は 86% でした。

　(2) 3つの動詞のうち、「知覚」を表わさないものを選びます。① écouter は「聞く」ですから知覚動詞です。② fermer は「閉じる」ですから知覚に関係する動詞ではありません。③ regarder「見る」は知覚動詞です。écouter「聞く、耳を傾ける」に対し、②(5)で見た entendre は「聞こえる」という意味で使います。また regarder「見る」に対して、voir は「見える」という意味で用います。écouter と entendre、regarder と voir を使い分けられるようにしておきましょう。正解は②です。得点率は 75% でした。

　(3) 3つの名詞から、「月の名前」でない語を選びます。① août「8月」、② juin「6月」はどちらも月名です。③ mardi は「火曜日」ですから、月ではなく曜日を示します。正解は③です。得点率は 73% でした。

　(4) 3つの名詞から、「乗りもの」ではないものを選びます。① bateau は「船」、② cravate は「ネクタイ」、③ vélo は「自転車」となり、②が正解です。得点率は 75% でした。

問題⑤全体の得点率は 77% でした。
[解 答] (1) ②　　(2) ②　　(3) ③　　(4) ②

6 イラストと一致する文を選ぶ問題です。
   解説
   (1) この問題では、monter「登る、乗りこむ」と descendre「降りる」という、対になる動詞の意味が問われています。① Elle descend du bus. は「彼女はバスから降ります」、② Elle monte dans le bus. は「彼女はバスに乗ります」ですから、①が正解です。①では、前置詞 de が、「〜から」という意味で用いられていることに注意しましょう。このとき前置詞 de の次に bus のような単数形の男性名詞がくると、前置詞 de と定冠詞 le を合わせて du に置きかえます。また、②の monter は、バスのなかに「乗りこむ」という意味で用いられており、単に「バスに乗る」（乗りものとしてバスを選択する）という言い方とは意味がことなります（単に「バスに乗る」であれば、prendre un bus のように prendre を用います）。得点率は88％でした。

   (2) ① Ils font un gâteau. は「彼らはケーキを作っています」という意味で、この文では、動詞 faire が、主語の Ils に合わせて3人称複数の活用形で用いられています。② Ils mangent du gâteau. は「彼らはケーキを食べています」ですから、②が正解です。gâteau は「ケーキ」のことですが、①では「ケーキを1つ作る」という意味で、**un** gâteau という不定冠詞が使われています。一方、②のように「ケーキを食べる」場合は、（1つのケーキを）いくつかの部分に切り分けたものを食べる、ということになり、**du** gâteau という部分冠詞を用います。fromage「チーズ」を例に、1の(3)でも見た、「全体の一部」を示す部分冠詞の用法です。得点率は91％でした。

   (3) ① J'habite loin de Paris. は「私はパリから遠いところに住んでいます」、② J'habite près de Paris. は「私はパリの近くに住んでいます」の意味で、loin de「〜の遠くに」、près de「〜の近くに」という、対になる表現を区別します。イラストでは、女性の住む場所がパリから離れた場所にある点で表わされており、①が正解です。得点率は84％でした。

   (4) イラストには四角いテーブルが描かれています。① La table est ronde. は「テーブルは丸い」、② La table n'est pas ronde. は①の否定文で、

「テーブルは丸くない」という意味ですから、②が正解です。この問題では、形容詞 rond「丸い」が、主語の La table に合わせて ronde という女性形で用いられています。得点率は 80% でした。

問題6 全体の得点率は 85% でした。
[解答] (1) ①　　(2) ②　　(3) ①　　(4) ②

7　会話文を読み、空欄に適切な語をおぎなう問題です。動詞や形容詞、疑問詞、前置詞などの用法が問われます。

[解説]
ソフィがピエールに、春になったので田舎に出かけようと誘っています。
(1) Les fleurs sont très (　1　) maintenant.

Il fait beau aujourd'hui.「きょうは天気がいいわね」― Eh Oui ! Le printemps revient.「そうだね、もう春だね（春がもどってきたね）」というやりとりのあと、ソフィはピエールに、Nous allons à la campagne ?「田舎に行きましょうよ」と提案しています。設問の文では、ソフィは野原に咲く les fleurs「花々」について述べています。選択肢はすべて形容詞で、主語の fleurs に合わせ、女性複数形になっています。このうち、① belles「美しい」を入れれば、Les fleurs sont très (belles) maintenant.「今は花がとてもきれいよ」となり、文意が通ります（belles は形容詞 beau の女性形 belle に「複数」を示す s がついたものです）。
② chères は「値段が高い」（男性単数形は cher）、③ légères は「軽い」（男性単数形は léger）ですから、どちらもここでは意味の通る文になりません。得点率は 74% でした。

(2) (　2　) est-ce que nous partons ?
ピエールはソフィの提案に Bonne idée !「いいね」と応じてから、ソフィに何か尋ねています。設問の文の動詞は「出発する」という意味の partir、また、空欄に対応する選択肢はすべて疑問詞です。① Comment「どのように、どんな」、② Où「どこに、どこへ」、③ Quand「いつ」のうち、適切なものを選びます。ピエールの質問に、ソフィは Cet après-midi「きょうの午後に」と答えていますから、ピエールは「いつ出発しようか」と

尋ねたことになり、③が正解です。得点率は 83% でした。

(3) Cet après-midi, (3) le déjeuner.
　ソフィは「きょうの午後に」と答えたあと、何か付け加えています。空欄のあとの le déjeuner は「昼食」の意で、選択肢はすべて前置詞です。2 人のやりとりをもう少したどってみましょう。ピエールはこのあと、Moi, je préfère déjeuner là-bas.「ぼくは、むこうで昼食をとるほうがいいな」と言っています。つまり、ソフィは、出発するのは「昼食を食べてから（昼食のあとで）」と述べていたことになり、① après「～のあとで」が正解です。
　② dans は、「～のなかに」という意味で、場所を示す場合に用います。
　Il y a des arbres dans le jardin.「庭には木があります」（『仏検公式基本語辞典』p.74）
　③ en は、7の(1)で見た En métro.「地下鉄で」のように、「手段」や「方法」を表わすほか、en France「フランスに」のように、「場所」を示す用法もあります。
　Cet été, ils vont en France.「この夏、彼らはフランスに行きます」（『仏検公式基本語辞典』p.97）
　得点率は 47% でした。

(4) D'accord. Je (4) des sandwichs.
　「むこうで昼食をとるほうがいいな」というピエールに対し、ソフィは D'accord.「いいわよ」と答えています。空欄のあとの sandwichs は、もちろんお昼に食べるための「サンドイッチ」のことですから、ソフィはここで、「サンドイッチを作るわね」という意味のことを述べていると考えてよいでしょう。正解は ② prépare で、préparer は「準備する、用意する」という意味の動詞です。
　Je prépare mon examen.「私は試験の準備をしている」（『仏検公式基本語辞典』p.223）
　選択肢① finis は finir「終える」、③ vends は vendre「売る」ですから、文意を考えば、どちらもここでは該当しません。得点率は 78% でした。

問題7全体の得点率は 70% でした。
解　答　(1) ①　　(2) ③　　(3) ①　　(4) ②

2016年度版 5 級仏検公式ガイドブック

聞き取り試験
解説・解答

1 フランス語の文(1)〜(5)を聞き取り、その応答として適切なものを選ぶ問題です。
（読まれる文）

(1) Le train arrive à quelle heure ?
(2) Combien d'enfants avez-vous ?
(3) Qui est ce monsieur ?
(4) Qu'est-ce que c'est ?
(5) Elle n'est pas japonaise ?

解 説

(1) Le train arrive à quelle heure ?「列車は何時に到着しますか」
　à quelle heure は「何時に」の意で、列車の到着時間を尋ねる質問ですから、① À huit heures dix.「8 時 10 分です」が正解です。② Le premier train. は「始発電車」（最初の列車）という意味ですから、時刻を尋ねる質問の答えにはなりません。得点率は 79％ でした。

(2) Combien d'enfants avez-vous ?「お子さんは何人いらっしゃいますか」
　① Ce sont mes fils. は「私の息子たちです」、② J'ai deux fils. は「私には息子が 2 人います」ですから、②が正解です。質問の文の〈combien de ＋名詞〉の形は、「いくつ（何人）、どのくらい」という意味で、「数」や「量」を尋ねる場合に用いる表現です。
　Vous travaillez combien d'heures par jour ?「あなたは 1 日に何時間働いていますか」（『仏検公式基本語辞典』p.57）
　得点率は 80％ でした。

(3) Qui est ce monsieur ?「あの男性はだれですか」
　qui は「人」について尋ねる疑問詞です。① C'est l'école de Marc. は「これはマルクの学校です」という意味ですから、「人」について述べている

わけではありません。② C'est le père de Marc.「こちらはマルクのお父さんです」が正解です。①が答えになるのは、たとえば設問(4)の Qu'est-ce que c'est ? のように、「もの」について尋ねる質問の場合です。得点率は 85％ でした。

(4) Qu'est-ce que c'est ?「これ（あれ、それ）は何ですか」
　qui が人について尋ねるのに対し、que やこの問題の qu'est-ce que は「もの、事柄」について尋ねます。① C'est très bon. は「とてもおいしい」という意味ですから、「これは何ですか」という質問の答えにはなりません。② C'est un fruit.「これはくだものです」が正解です。
　que は次に母音がくると、e をとってアポストロフ（'）で示し、qu' となります（これを「エリジヨン」と言います）。qu'est-ce que の qu'est はその一例で、qu [k ク] は次の母音と 1 つの音にして qu'est [kɛ ケ] と発音します。(3)で見た qui はエリジヨンをしませんので注意してください。得点率は 88％ でした。

(5) Elle n'est pas japonaise ?「彼女は日本人ではないのですか」
　この問題では、否定の表現 ne ... pas の聞き取りがポイントになります。4の(4)でも見たように、否定の疑問文に対する応答は si または non を用い、oui は使いません。つまり、「日本人ではないのですか」という問いに対し、「日本人です」と答える場合は、①の Oui, elle est japonaise.「はい、彼女は日本人です」ではなく、②のように、si を用いて、Si, elle est japonaise.「いいえ、彼女は日本人です」と述べなければなりません。得点率は 84％ でした。

　問題1全体の得点率は 83％ でした。
解 答　(1) ①　(2) ②　(3) ②　(4) ②　(5) ②

2 フランス語の文 (1) 〜 (5) にふくまれる数を聞き取る問題です。
（読まれる文）

(1) Sylvie a dix-neuf ans.
(2) Ça coûte six euros.
(3) Deux cafés, s'il vous plaît.
(4) C'est la chambre quatorze.
(5) Il est bientôt sept heures.

解説

(1) Sylvie a dix-neuf ans.「シルヴィは 19 歳です」

正解は 19 です。dix-neuf は [diznœf ディズヌフ] と発音しますが、neuf [nœf ヌフ] は「年齢」の意の ans があとにくると [nœv ヌヴ] に音が変わり、ans とつづけて発音します。dix-neuf ans は [diznœvɑ̃ ディズヌヴァン] と発音されています。得点率は 66% でした。

(2) Ça coûte six euros.「6 ユーロします」

正解は 06 です。six は [sis スィス] と発音しますが、この問題の euro [øro ウーろ] のように、次に母音または無音の h で始まる語がつづく場合は [siz スィズ] に音が変わり、ここでは、six euros「6 ユーロ」の部分がひとつづきに [sizøro スィズーろ] と発音されています。Ça coûte ... は、「値段が〜である」という意味の定型表現です。

Ça coûte combien ?「それはいくらですか」(『仏検公式基本語辞典』p.68)
得点率は 60% でした。

(3) Deux cafés, s'il vous plaît.「コーヒーを 2 つお願いします」

正解は 02 です。この文では deux の次に子音で始まる cafés がきています。リエゾンやアンシェヌマンはありませんから、deux [dø ドゥー] の音は聞き取りやすかったはずです。得点率は 87% でした。

(4) C'est la chambre quatorze.「14 号室です」

正解は 14 です。quatorze は [katɔrz カトるズ] と発音します。ここでは文の最後に数詞 quatorze が置かれているため、音の変化はありません。得点

率は 75% でした。

(5) Il est bientôt sept heures.「まもなく 7 時です」
正解は 07 です。sept は [sɛt セット] と発音します。この文では次の heures [œːr ウーる] の語頭の h が無音のため、アンシェヌマンにより、sept heures の部分がひとまとまりに [sɛtœːr セトゥーる] と発音されています。得点率は 77% でした。

問題2 全体の得点率は 73% でした。
|解 答| (1) 19　　(2) 06　　(3) 02　　(4) 14　　(5) 07

3　フランス語の文(1)〜(5)を聞き取り、その内容に対応する場面を 5 つのイラストから選ぶ問題です。
(読まれる文)

(1) C'est pour toi.
(2) Asseyez-vous.
(3) C'est gentil !
(4) Bonne nuit !
(5) Tu ne vas pas bien ?

|解 説|
(1) C'est pour toi.「これはあなたにを」
相手に何かを渡すときの表現です。toi は「あなた」「君」という意味の代名詞ですが、ここでは「〜のために」という意味の前置詞 pour のあとで用いられているため、te ではなく強勢形の toi になっている点に注意してください。女性が男性にプレゼントを差し出している ⑤ のイラストが正解です。得点率は 56% でした。

(2) Asseyez-vous.「おかけください」
asseyez-vous は s'asseoir「すわる」の vous に対する命令形です。女性が男女にいすをすすめている ③ のイラストが正解です。得点率は 55% でした。

(3) C'est gentil !「ありがとう」
　gentil は「やさしい、親切な」という意味の形容詞で、C'est gentil. は、相手に何かしてもらったり、品物をもらったときに、お礼を述べる意味で用いる表現です。
　Merci, c'est très gentil !「ご親切に、ありがとうございます」(『仏検公式基本語辞典』p.126)
　C'est gentil. と同じ意味で、Tu es (Vous êtes) gentil / gentille. のように言うこともできます。プレゼントをもらってうれしそうにしている女性を描いた、②のイラストが正解です。得点率は 54% でした。

　(4) Bonne nuit.「おやすみなさい」
　〈bon +名詞〉の形をとる慣用表現の 1 つです。nuit「夜」は女性名詞ですから、形容詞 bon もこれに合わせて女性形の bonne になっています。パジャマを着た子どもたちに女性が声をかけている、①のイラストが正解です。得点率は 86% でした。

　(5) Tu ne vas pas bien ?「具合がよくないの？」
　aller bien は「(体の) 調子がよい」という意味で用います。質問の文の Tu ne vas pas bien ? はその否定ですから、「具合が悪いの？」という意味になり、頭をおさえている男性に、女性が心配そうに声をかけているイラストの④が正解です。得点率は 80% でした。

　問題3全体の得点率は 66% でした。
解　答　(1) ⑤　　(2) ③　　(3) ②　　(4) ①　　(5) ④

4　フランス語の文を聞き取り、2 枚の絵から、それぞれの文の内容に合うものを選ぶ問題です。冠詞や形容詞、動詞の活用語尾などの音を手がかりに、男性形と女性形、単数形と複数形、肯定と否定を区別します。

2015 年度春季 5 級聞き取り試験　解説・解答

（読まれる文）

(1) C'est une amie.
(2) Elles sortent de la maison.
(3) Je donne ces sacs.
(4) Nous sommes contents.
(5) Il n'y a plus de fleurs.

解　説

(1) C'est une amie.「友だちです」

　イラストは①が女の子、②が男の子ですから、女性か男性かを区別する問題であることがわかります。問題文の amie「友だち」は、男性形の ami と女性形の amie の音が同じなので（どちらも [ami アミ]）、それだけでは男女の区別はできません。ここでは「1 人の友だち」という意味で用いられている、不定冠詞の音に注目しましょう。男性の場合は un ami [œ̃(ɛ̃) **n**ami アンナミ]、女性であれば une amie [y**n**ami ユナミ] となるはずですが、問題文では、この部分が C'est とひとつづきになって [sɛty**n**ami セテュナミ] と発音されています。したがって、冠詞は une ということになり、①が正解です（仮に男性であれば、C'est un ami. [sɛ**t**œ̃(ɛ̃) **n**ami セタンナミ] と発音されることになります）。得点率は 76％ でした。

(2) Elles sortent de la maison.「彼女たちは家を出ます」

　動詞 sortir「出かける」の活用形の音を手がかりに、主語が単数か複数かを聞き分けます（代名詞 elle は、単数形 elle と複数形 elles の音が同じなので、この部分だけでは単複の区別はできません）。女性が 1 人であれば elle sort [ɛlsɔːr エルソーる]、複数であれば elles sortent [ɛlsɔrt エルソルト] ですが、ここでは後者ですから、2 人の女性が家を出る場面を描いた②が正解です。得点率は 68％ でした。

(3) Je donne ces sacs.「これらのバッグをあげます」

　「かばん、バッグ」という意味の名詞 sac が単数か複数かを判断します。この問題では名詞の前に置かれた指示形容詞の音が手がかりになります。バッグが 1 つであれば ce sac [s(ə) sak スサック]、2 つであれば ces [sesak

141

セサック] ですが、問題文は後者ですから、②が正解です。得点率は 51％ でした。

(4) Nous sommes contents.「私たちはうれしい」
　主語の「私たち」が女性 2 人なのか、男女なのかを判断します。ポイントは「うれしい」という意味の形容詞 content の語尾の音です。①のように主語が女性 2 人であれば、形容詞もこれに一致して女性複数形の contentes になり、[kɔ̃tɑ̃t コンターント] と発音します（語尾には e と s が付きますが、複数形の s は発音しません）。②のように主語が男女の場合は、男性複数形の contents を用い、[kɔ̃tɑ̃ コンタン] という音になります。ここでは後者ですから、②が正解です。得点率は 65％ でした。

(5) Il n'y a plus de fleurs.「もう花はありません」
　イラストを見ると、①では花が咲いていますが、②では花はなく、葉だけになっています。問題文では、ne ... plus「もう〜ない」という否定の表現を用い、Il n'y a plus [ilnjaply イルニヤプリュ] de fleurs.「もう花はありません」と発音していることから、②が正解です。仮に①のように「花が咲いている（花がある）」場合は、Il y a [ilja イリヤ] des fleurs. と発音することになります。得点率は 65％ でした。

　問題④全体の平均得点率は 65％ でした。
|解　答| (1) ①　　(2) ②　　(3) ②　　(4) ②　　(5) ②

配 点 表

筆記試験	1	2	3	4	5	6	7	小計	聞き取り	1	2	3	4	小計	計
	10点	10	8	8	8	8	8	60		10	10	10	10	40	100

2015年度秋季5級出題内容のあらまし

［筆記］
  1 冠詞、指示形容詞、所有形容詞（穴うめ・選択）
  2 動詞活用（穴うめ・選択）
  3 語順（語句の並べかえによる仏文完成・選択）
  4 応答文（仏文選択）
  5 語彙（選択）
  6 対になる表現・語句（絵の内容に対応する仏文選択）
  7 会話文（穴うめ・選択）

［聞き取り］
  1 応答文（仏文選択）
  2 数（マーク式による記入）
  3 短文（仏文に対応する絵の選択）
  4 男性・女性、単数・複数、肯定・否定の区別（仏文に対応する絵の選択）

2015年度秋季5級筆記試験

2015年度秋季
実用フランス語技能検定試験
試験問題冊子 〈5級〉

問題冊子は試験開始の合図があるまで開いてはいけません。

筆記試験	15時30分〜16時00分
	(休憩なし)
聞き取り試験	16時00分から約15分間

◇問題冊子は表紙を含め16ページ、筆記試験が7問題、聞き取り試験が4問題です。

注意事項

1 途中退出はいっさい認めません。
2 筆記用具は**HBまたはBの黒鉛筆**(シャープペンシルも可)を用いてください。
3 解答用紙の所定欄に、**受験番号**と**カナ氏名**が印刷されていますから、まちがいがないか、**確認**してください。
4 **解答は、解答用紙の解答欄にマークしてください。**たとえば、1の(1)に対して③と解答する場合は、次の例のように解答欄の③にマークしてください。

解答番号	解答欄
(1)	① ② ●

例 1

5 解答に関係のないことを書いた答案は無効にすることがあります。
6 解答用紙を折り曲げたり、破ったり、汚したりしないように注意してください。
7 問題内容に関する質問はいっさい受けつけません。
8 不正行為者はただちに退場、それ以降および来季以後の受験資格を失うことになります。
9 **携帯電話等の電子機器の電源はかならず切って、かばん等にしまってください。**
10 **時計のアラームは使用しないでください。**
11 この試験問題の複製(コピー)を禁じます。また、この試験問題の一部または全部を当協会の許可なく他に伝えたり、漏えいしたりすることを禁じます(インターネットや携帯サイト等に掲載することも含みます)。

筆記試験終了後、休憩なしに聞き取り試験にうつります。

©2015 公益財団法人フランス語教育振興協会

1

次の (1) 〜 (5) の ( ) 内に入れるのにもっとも適切なものを、それぞれ ① 〜 ③ のなかから 1 つずつ選び、解答欄のその番号にマークしてください。
（配点 10）

(1) Elle a ( ) petite sœur.

　　① des　　② un　　③ une

(2) Je préfère ( ) jupe noire.

　　① ce　　② cet　　③ cette

(3) Tu veux ( ) pain ?

　　① de　　② des　　③ du

(4) Vous aimez ( ) cinéma américain ?

　　① la　　② le　　③ les

(5) ( ) voiture n'est pas chère.

　　① Ma　　② Mes　　③ Mon

2 次の (1) ～ (5) の ( ) 内に入れるのにもっとも適切なものを、それぞれ ① ～ ③ のなかから 1 つずつ選び、解答欄のその番号にマークしてください。
（配点 10）

(1) Je ( ) avec ma mère.

   ① sors   ② sort   ③ sortons

(2) Nous ( ) la leçon 5.

   ① commencent   ② commences   ③ commençons

(3) Pierre et ses amis ( ) ensemble.

   ① déjeune   ② déjeunent   ③ déjeunons

(4) Tu ( ) le journal ?

   ① lis   ② lisent   ③ lit

(5) Vous ( ) souvent Thomas ?

   ① voient   ② voit   ③ voyez

3 例にならい、次の (1) 〜 (4) において、それぞれ ① 〜 ③ をすべて用いて、あたえられた日本語に対応する文を完成したときに、(　) 内に入るのはどれですか。① 〜 ③ のなかから 1 つずつ選び、解答欄のその番号にマークしてください。なお、① 〜 ③ では、文頭にくるものも小文字にしてあります。
（配点　8）

例：東京に友だちがいるの？

　　　Tu ＿＿＿（　　）＿＿＿ à Tokyo ?

　　　　① amis　　② as　　③ des

　　　Tu ＿as＿（ des ）＿amis＿ à Tokyo ?
　　　　　②　　　③　　　①

となり、②③① の順なので、(　) 内に入るのは ③。

(1) お父さんは元気ですか。

　　　＿＿＿（　　）＿＿＿ père ?

　　　　① comment　　② ton　　③ va

(2) お年はいくつ？

　　　Tu ＿＿＿（　　）＿＿＿ ?

　　　　① âge　　② as　　③ quel

(3) 彼らはすてきな家を持っている。

　　　Ils ont ＿＿＿（　　）＿＿＿ .

　　　　① belle　　② maison　　③ une

(4) 兄弟はいません。

　　　Je n' ＿＿＿（　　）＿＿＿ frères.

　　　　① ai　　② de　　③ pas

148

4 次の (1) 〜 (4) に対する応答として適切なものを、それぞれ ①、② から選び、解答欄のその番号にマークしてください。(配点 8)

(1) D'où vient-il ?

　① Il vient avec nous.
　② Il vient de Kyoto.

(2) Elles restent combien de temps ?

　① À l'hôtel.
　② Une semaine.

(3) Quand est-ce que tu arrives ?

　① À la maison.
　② Vendredi soir.

(4) Vous connaissez ce monsieur ?

　① Non. C'est qui ?
　② Oui, souvent.

5

次の (1) 〜 (4) において、日本語で示した**特徴を持たない語**を、それぞれ ① 〜 ③ のなかから1つずつ選び、解答欄のその番号にマークしてください。(配点 8)

(1) 位置

　　① derrière　　② devant　　③ pendant

(2) 色

　　① blanc　　② nouveau　　③ rouge

(3) 家族

　　① élève　　② fille　　③ fils

(4) 食べ物

　　① fenêtre　　② pomme　　③ riz

6　次の (1) ～ (4) の絵に対応する文を、それぞれ ①、② から選び、解答欄のその番号にマークしてください。(配点 8)

(1)
① Elle écoute.
② Elle regarde.

(2)
① C'est léger.
② C'est lourd.

(3)
① Ils dorment.
② Ils ne dorment pas.

(4)
① Il est à la gare.
② Il est dans le jardin.

7 次の会話を読み、(1)〜(4)に入れるのにもっとも適切なものを、それぞれ ① 〜 ③ のなかから1つずつ選び、解答欄のその番号にマークしてください。(配点 8)

Thomas : Bonjour Jean. Ça va ?
 Jean : Oui, ça va, merci.
Thomas : (1) tu fais maintenant ?
 Jean : Je travaille (2) un café. Et toi ?
Thomas : Moi, je cherche un travail intéressant, mais ce n'est pas (3).
 Jean : Je (4). Bonne chance, alors.
Thomas : Merci.

(1) ① Où est-ce que ② Qu'est-ce que ③ Qui est-ce que
(2) ① dans ② depuis ③ par
(3) ① facile ② jeune ③ libre
(4) ① choisis ② comprends ③ réponds

聞き取り試験問題

聞き取り試験時間は、
16時00分から約15分間

注 意 事 項

1 聞き取り試験は、CD・テープでおこないますので、CD・テープの指示にしたがってください。
2 解答はすべて筆記試験と同じ解答用紙の解答欄に、**HBまたはBの黒鉛筆**(シャープペンシルも可)でマークしてください。

1
- フランス語の文 (1) 〜 (5) を、それぞれ 3 回ずつ聞いてください。
- (1) 〜 (5) の文に対する応答として適切なものを、それぞれ ①、② から選び、解答欄のその番号にマークしてください。
（メモは自由にとってかまいません）（配点 10）

〈CD を聞く順番〉 🔘 ㉝ ⇨ 🔘 ㉞

(1) ① En train.

　　② Je vais bien.

(2) ① Non, il est italien.

　　② Oui, il est grand.

(3) ① Non, il pleut.

　　② Oui, il est beau.

(4) ① Non, pas du tout.

　　② Oui, beaucoup.

(5) ① Nous sommes contents.

　　② Nous sommes lundi.

2

- フランス語の文 (1) 〜 (5) を、それぞれ 3 回ずつ聞いてください。
- どの文にもかならず数が含まれています。例にならって、その数を解答欄にマークしてください。
  (メモは自由にとってかまいません)　(配点　10)

〈CD を聞く順番〉 🎧 ㉟ ⇨ 🎧 ㊱

(例)

- 「7」と解答したい場合には、

  とマークしてください。

- 「15」と解答したい場合には、

  とマークしてください。

(1)

(2)

(3)

(4)

(5)

3

- フランス語の文 (1) 〜 (5) を、それぞれ 3 回ずつ聞いてください。
- それぞれの文にもっともふさわしい絵を、下の ① 〜 ⑤ のなかから 1 つずつ選び、解答欄のその番号にマークしてください。ただし、同じものを複数回用いることはできません。

（メモは自由にとってかまいません）（配点 10）

〈CD を聞く順番〉 🎧 ㊲ ⇨ 🎧 ㊳

(1)

(2)

(3)

(4)

(5)

2015 年度秋季 5 級聞き取り試験

4
- フランス語の文 (1) 〜 (5) を、それぞれ 3 回ずつ聞いてください。
- (1) 〜 (5) の文にふさわしい絵を、それぞれ ①、② から選び、解答欄のその番号にマークしてください。
  (メモは自由にとってかまいません) (配点　10)

〈CD を聞く順番〉 ◎ ㊴ ⇨ ◎ ㊵

(1)　①　　　　　　　　　　　②

(2)　①　　　　　　　　　　　②

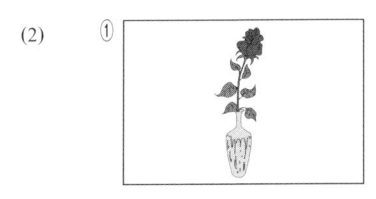

(3)　①　　　　　　　　　　　②

(4)　①　　　　　　　　　　　②

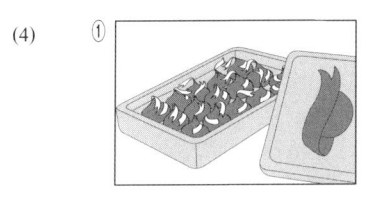

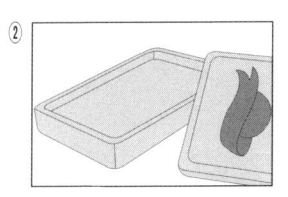

(5)　①　　　　　　　　　　　②

157

2015 年度秋季 5 級

総評　今季の出願者は 2623 名、受験者は 2425 名でした。合格者は 2144 名で、対実受験者の合格率は 88% でした。2014 年度秋季の合格率が 84%、2015 年度春季が 85% でしたので、今季の合格率は例年にくらべてやや高めの結果になりました。

　全体の得点率は 78% でした。筆記試験の平均得点率は 79%、聞き取り試験が 76% でしたので、筆記試験と聞き取り試験の間に春季ほどの開きはありませんでした。

　筆記試験 1 から 6 までの大問ごとの平均得点率は 70% から 87% の間に収まりましたが、7 の会話文の穴うめ問題が平均で 59% と、低めの得点率でした。

　7 の設問ごとの得点率は、(1) 61%、(2) 72%、(3) 50%、(4) 54% となっています。(1) は文の前後関係を考えながら（　　）tu fais maintenant ? の空欄に適切な疑問詞をおぎなう問題です。選択肢のうち、Qu'est-ce que は「もの」、Qui est-ce que は「人」について尋ねる疑問詞ですが、61% という得点率は、多くの受験者にとって、この 2 つの区別があいまいであることを示していると言ってよさそうです。(3) の mais ce n'est pas (　　). は、文意に則した形容詞を、facile「簡単な」、jeune「若い」、libre「自由な、暇がある」という 3 つの選択肢から選んで解答します。(4) Je (　　). は動詞を選ぶ問題ですが、選択肢は choisis、comprends、réponds という 1 人称単数の活用形で提示されているため、それぞれの動詞の意味を考えて正解を判断しなければなりません。(3) も (4) も語彙力がためされる問題ですが、結果を見ると、基本的な形容詞や動詞の理解がまだ不十分であることがわかります。5 級レベルの語彙は確実に身につけて、上位級へのステップアップをめざしてください。

　聞き取り試験では、どの大問も平均得点率が 70% を超えました。ただし、フランス語の質問を聞き取って適切な応答を選択する 1 の (3) のみ 51% の得点率にとどまりました。Il fait beau aujourd'hui ?「きょうは天気がいいですか」という質問に対し、① Non, il pleut.「いいえ、雨が降っています」と解答すべきところを、ほぼ半数の受験者が、beau の音だけ

を聞き取って ② Oui, il est beau.「はい、彼はハンサムです」と解答したことになります。

　また②の数の聞き取りでも、5問中4問が60％台の得点率でした。とくに (1) vingt heures、(2) dix euros、(4) trois enfants のように、母音や無音のhで始まる名詞と結びついて数詞の音が変わる場合に得点率が低めになっています。語と語をつなげて発音するリエゾンやアンシェヌマンのしくみに慣れることは、フランス語を聞き取るうえで不可欠な要素の1つです。3級では文の一部を書き取る問題、また準2級では文全体を書き取る問題（ディクテ）が出題され、これらの問題でもリエゾンやアンシェヌマンの聞き取りが重要なポイントになりますから、初級レベルでしっかりと基礎を固めておきましょう。

筆 記 試 験
解説・解答

1 名詞と結びつく冠詞（不定冠詞、定冠詞、部分冠詞）と指示形容詞、所有形容詞に関する問題です。

解説

(1) Elle a (une) petite sœur.「彼女には妹が 1 人います」
　適切な不定冠詞を選ぶ問題です。不定冠詞は男性名詞単数には un、女性名詞単数には une、複数名詞には des を用います。問題文の名詞 sœur の性（男性・女性）と数（単数・複数）に一致するものを選びます。sœur の意味が「姉妹」であることを知っていれば、女性名詞の単数形ですから、冠詞は une になることがわかります。名詞の意味がわからない場合は、形容詞 petite の形に注意してください。petit は「小さい」という意味ですが、ここでは語尾に e がついた女性形なので、女性名詞を修飾していることになります。正解は③、得点率は 93% でした。

(2) Je préfère (cette) jupe noire.「私はこちらの黒いスカートのほうが好きです」
　指示形容詞の問題です。「この」「あの」「その」を表わす指示形容詞は、冠詞と同様、修飾する名詞の性・数に一致するものを用います。この文では、形容詞 noir「黒い」に e がついて女性形の noire となっているため、名詞 jupe「スカート」は女性名詞であることがわかります。女性名詞単数の前で用いられる形は cette ですから、③が正解です。選択肢① ce と ② cet は、どちらも単数形の男性名詞とともに用いる形です（cet は母音または無音の h で始まる男性名詞単数の前で用います）。得点率は 70% でした。

(3) Tu veux (du) pain ?「パンはいる ?」
　部分冠詞の問題です。フランス語で pain というとき、多くは baguette「バゲット」（フランスパン）を指します。パン屋さんでバゲットを 1 本買う場合は、Une baguette, s'il vous plaît.「バゲットを 1 本ください」と言いますが、食べるときは 1 本全部を食べることはまれです。ふつうはバゲ

ットを切り分けて、そのうちのいくつかを食べます。部分冠詞はこのように、「全体のある一部」を問題にするときに使います。また液体のような「数えられないもの」のある量を表わすため、複数形はありません。男性名詞には du を、女性名詞には de la を用い、③ du が正解です。① de は否定の冠詞、② des は不定冠詞の複数形です。得点率は 73% でした。

(4) Vous aimez (le) cinéma américain ?「アメリカ映画は好きですか」

定冠詞の問題です。定冠詞は、男性名詞単数には le、女性名詞単数には la（ただし、その名詞が母音で始まるときはどちらも l'）、複数名詞には les を用います。cinéma が男性名詞であることは形容詞 américain の形でわかりますから、② le が正解です。

設問文の定冠詞は、「アメリカ映画というもの」の全体を表わす、「総称」としての用法です。得点率は 84% でした。

(5) (Ma) voiture n'est pas chère.「私の車は高くありません」

選択肢①〜③はどれも日本語の「私の」に対応する所有形容詞です。冠詞や指示形容詞と同様、所有形容詞もあとにつづく名詞の性・数によって使い分けます。男性名詞単数には mon、女性名詞単数には ma を用い（ただし母音で始まるときは mon）、複数名詞であれば男女とも mes になります。名詞 voiture「車」の性は、文の最後に置かれた形容詞 chère「（値段が）高い」の形でわかります。男性単数形が cher、その女性形が chère ですから、voiture は女性名詞ということになり、① Ma が正解です。

この文では、形容詞 chère は、être のあとに置かれて文の主語 voiture の性質を伝えるはたらきをし、フランス語では「属詞」と呼ばれます（英語の補語にあたります）。得点率は 74% でした。

問題1全体の得点率は 79% でした。

解　答　(1) ③　　(2) ③　　(3) ③　　(4) ②　　(5) ①

2016 年度版 5 級仏検公式ガイドブック

2 基本的な動詞の活用についての問題です。
解説

(1) Je (sors) avec ma mère.「私は母と出かけます」
選択肢の動詞は sortir「外出する」です。活用は je sors、tu sors、il / elle sort、nous sortons、vous sortez、ils / elles sortent ですから、① sors が正解です。得点率は 81% でした。

(2) Nous (commençons) la leçon 5.「私たちは 5 課を始めます」
選択肢の動詞は commencer「始める」です。-er 型の規則動詞ですから、er の前の部分を語幹にして、je commence、tu commences、il / elle commence、nous commençons、vous commencez、ils / elles commencent と活用します。1 人称複数の nous の活用では、語尾 -ons の前の c にセディーユがついて ç となることに注意してください。セディーユは c の音を [s ス] で統一するための記号です。この記号をつけずに単に cons とすると [kɔ̃ コン] という音になるので、これを [sɔ̃ ソン] と発音させるために用います。正解は ③ commençons、得点率は 91% でした。

(3) Pierre et ses amis (déjeunent) ensemble.「ピエールと彼の友人たちはいっしょに昼食をとっています」
選択肢の動詞は déjeuner「昼食をとる」です。文の主語にあたる Pierre et ses amis「ピエールと彼の友人たち」を代名詞にすると、3 人称複数の ils「彼ら」になります。déjeuner は -er 型の規則動詞で、活用は je déjeune、tu déjeunes、il / elle déjeune、nous déjeunons、vous déjeunez、ils / elles déjeunent ですから、② déjeunent が正解です。得点率は 80% でした。

(4) Tu (lis) le journal ?「君は新聞を読んでいますか」
選択肢の動詞は lire「読む」です。活用は je lis、tu lis、il / elle lit、nous lisons、vous lisez、ils / elles lisent となり、① lis が正解です。得点率は 84% でした。

(5) Vous (voyez) souvent Thomas ?「あなたはよくトマに会いますか」
選択肢の動詞は voir「会う」です。voir は「見える、わかる」の意味で

も用います。活用は je vois、tu vois、il / elle voit、nous voyons、vous voyez、ils / elles voient となり、③ voyez が正解です。得点率は 94％ でした。

問題2 全体の得点率は 86％ でした。
解　答　(1) ①　　(2) ③　　(3) ②　　(4) ①　　(5) ③

3　選択肢としてあたえられた語句を並べかえ、文を完成する問題です。
解　説
(1) Comment (va) ton père ?「お父さんは元気ですか」
　選択肢①の疑問副詞 comment で始まる疑問文です。名詞 père の前には②の所有形容詞 ton をつけて ton père「君のお父さん」にします。これがこの文の主語になります。残る選択肢③ va は動詞 aller の 3 人称単数の活用形です。疑問副詞を用いた疑問文では、この文のように主語が名詞で、動詞が目的語をもたないとき、〈疑問副詞＋動詞＋主語〉の語順をとるか、または〈主語＋動詞＋疑問副詞〉とすることもできます。
　正解は③、得点率は 84％ でした。

(2) Tu as (quel) âge ?「お年はいくつ？」
　主語の Tu につづく動詞をさがします。選択肢② as は動詞 avoir の 2 人称単数の活用形ですから Tu as という語順がきまります。日本語の「いくつ（何歳）」に相当する部分は、①の名詞 âge「年齢」に③の疑問形容詞 quel をつけ、quel âge とします。これを Tu as のあとに置きますから、③が正解です。
　フランス語で年齢を述べる場合、動詞は avoir を用います。設問の文は、疑問形容詞から始めて Quel âge as-tu ? という語順も可能です。この質問に「〜歳です」と答えるときは〈avoir ＋数詞＋ an (s)〉の形をとります。
Paul a quel âge ?「ポールは何歳ですか」― Il a vingt-trois ans.「彼は 23 歳です」（『仏検公式基本語辞典』p.11）
　得点率は 83％ でした。

(3) Ils ont une (belle) maison.「彼らはすてきな家を持っている」
　この問題では名詞と形容詞の語順がポイントになります。選択肢②の

名詞 maison「家」を修飾する形容詞は①の belle です。フランス語の形容詞は名詞のあとに置くのが原則ですが、いくつかの形容詞は名詞の前に置きます。petit「小さい」、bon「よい、おいしい」、beau「美しい」などがその例です。選択肢① belle はこの beau の女性形ですから、女性名詞 maison の前に置き、③の不定冠詞 une をつけて une belle maison「すてきな家」とします。正解は①、得点率は 81% でした。

(4) Je n'ai (pas) de frères.「兄弟はいません」
　設問文の n' は ne の省略された形で、母音の前で用います。選択肢③に pas があるので、ここでは ne ... pas という否定の表現が用いられていると考えればよいでしょう。選択肢② de が否定の冠詞であることがわかれば、①の動詞 ai（avoir の 1 人称単数の活用形）を n' と pas ではさみ、Je n'ai (pas) de frères. という文ができあがります。
　選択肢②は、直接目的語についている不定冠詞が否定文で de に変わったものです。たとえば Tu as des frères ?「君には兄弟が何人いるの？」と聞かれて、「いいえ、兄弟はいません」と答える場合、Non, je n'ai pas のあとは **des** frères ではなく **de** frères となります。
　正解は③、得点率は 93% でした。

　問題3全体の得点率は 85% でした。
[解　答]　(1) ③　　(2) ③　　(3) ①　　(4) ③

4　フランス語の質問を読み、2 つの選択肢から適切な応答を選ぶ問題です。
[解　説]
(1) D'où vient-il ?「彼はどこの出身ですか」
　この文では、「〜から来る、〜の出身である」という意味で、〈venir de + 場所〉の表現が用いられています（ここでは、de のあとに場所を尋ねる疑問副詞 où がつづいており、エリジヨンによって d'où という形をとっています）。① Il vient avec nous. は「彼は私たちといっしょに来ます」という意味ですから、② Il vient de Kyoto.「彼は京都の出身です」が正解になります。得点率は 93% でした。

(2) Elles restent combien de temps ?「彼女たちはどれくらい滞在しますか」
　設問文の動詞は rester で、「滞在する、とどまる」の意味で使います。combien de は「どれくらい、いくつ」のように量や数を尋ねる表現です。ここでは「時間」の意の temps とともに、combien de temps の形で「期間」を尋ねる表現になります。「どれくらい（＝どのくらいの期間）滞在しますか」という質問に対し、① À l'hôtel.「ホテルに」では適切な応答にはなりません。② Une semaine.「1 週間」が正解です。得点率は 77% でした。

(3) Quand est-ce que tu arrives ?「君はいつ到着するの」
　quand「いつ」と尋ねていますから、② Vendredi soir.「金曜日の晩に」が正解です。① À la maison. は「家に（で）」という「場所」を示す言い方です。得点率は 83% でした。

(4) Vous connaissez ce monsieur ?「あなたはあの男性を知っていますか」
　connaître は「知っている」という意味の動詞ですから、② Oui, souvent.「はい、しばしば」では、意味の通る応答になりません。① Non. C'est qui ?「いいえ（知りません）。どなたですか」が正解です。qui は「人」について尋ねる疑問代名詞で、C'est qui ? または Qui est-ce ? で「（この人は）だれですか」という意味になります。得点率は 68% でした。

問題 4 全体の得点率は 80% でした。
解　答　(1) ②　　(2) ②　　(3) ②　　(4) ①

5　日本語の指示にしたがい、選択肢のなかから適切な語を選ぶ問題です。
解　説
(1) 選択肢①〜③はすべて前置詞です。このうち① derrière は「〜のうしろに」、② devant は「〜の前に」で、どちらも場所を示します。③ pendant は、たとえば pendant un mois「1 ヵ月間」のように、うしろに時間を示す語をともない、「〜の間」という意味で用います。正解は③、得点率は 79% でした。

(2) 3つの形容詞のうち、「色」を表わさないものを選びます。① blanc は「白い」、② nouveau は「新しい」、③ rouge は「赤い」ですから、②が正解です。得点率は 92% でした。

(3) 選択肢はどれも「人」を表わす名詞ですが、② fille「娘」と③ fils「息子」は「家族」の一員を示します。① élève は「生徒」ですから、「家族」とは関係しません。②の fille は、「女の子」の意味では garçon「男の子」と対になる語ですが、(家族の一員としての)「娘」の意味でも使うことを知っておきましょう。正解は①、得点率は 78% でした。

(4) 選択肢のうち、「食べもの」のカテゴリーに入るのは② pomme「りんご」と③ riz「米」です。①の fenêtre は「窓」という意味ですから、「食べもの」とは関係なく、①が正解です。得点率は 76% でした。

問題5全体の得点率は 81% でした。
解答　(1) ③　　(2) ②　　(3) ①　　(4) ①

6　イラストと一致する文を選ぶ問題です。
解説
(1) 選択肢①、②はどちらも主語と動詞のみの文です。主語は同じ Elle ですから、écouter「聞く」と regarder「見る」という 2 つの動詞の意味を区別します。イラストにはヘッドホンで何かを聞いている女性が描かれており、① Elle écoute.「彼女は聞いている」が正解です。得点率は 83% でした。

(2) C'est のあとにつづく形容詞の意味を区別します。①の léger は「軽い」、②の lourd は「重い」で、イラストの女性は大きな箱を重たそうに運んでいますから、② C'est lourd.「重たい」が正解です。得点率は 77% でした。

(3) 選択肢の動詞 dorment の不定詞（原形）は dormir「眠る」です。① Ils dorment. は「彼らは眠っている」という肯定文ですが、② Ils ne dorment pas. は動詞が ne ... pas ではさまれており、「彼らは眠っていない」という意味の否定文になります。イラストにはベンチで居眠りをしている男女が描かれていますから、①が正解です。得点率は 85% でした。

　(4) 選択肢①、②は、どちらも Il est のあとに場所を表わす表現がつづいています。①の à la gare は「駅に」、②の dans le jardin は「庭に」ですが、イラストの男性は塀の脇で木を見あげており、② Il est dans le jardin.「彼は庭にいます」が正解です。得点率は 81% でした。

問題6 全体の得点率は 82% でした。
解　答　　(1) ①　　(2) ②　　(3) ①　　(4) ②

7　会話文を読み、空欄に適切な語をおぎなう問題です。動詞や形容詞、疑問詞、前置詞などの用法が問われます。
解　説
　トマとジャンが互いの近況を尋ねています。
　(1) (　1　) tu fais maintenant ?
　Bonjour Jean. Ça va ?「こんにちはジャン。元気かい」— Oui, ça va, merci.「うん、元気だよ。どうも」というやりとりのあと、トマがジャンに何か尋ねている部分です。トマの質問に対し、ジャンの返答は Je travaille「ぼくは働いている」で始まっていますから、トマは (Qu'est-ce que) tu fais maintenant ?「君は今どうしてるの（何をしているの）」と尋ねていることになります。① Où est-ce que「どこで」は「場所」、③ Qui est-ce que「だれを」は「人」について尋ねる言い方で、ここではどちらも意味の通る質問にはなりません。正解は②、得点率は 61% でした。

　(2) Je travaille (　2　) un café.
　(1) で見た、「君は今どうしてるの」というトマの質問に対するジャンの返答です。選択肢はどれも前置詞ですが、文の意味が「ぼくはカフェで働いているんだ」となることはすぐに見当がつくと思います。「場所」を表

167

わす① dans「～（のなか）で」が正解です。

② depuis は、たとえば depuis un an「1年前から」のように、時間や期間について、「～から、～以来」という意味で用いる前置詞です。

③ par は、たとえば par avion「航空便で」のように、「手段、方法」を示すほか、une fois par semaine「週に1度」のように、「～ごとに」の意味で用います。得点率は 72% でした。

(3) Moi, je cherche un travail intéressant, mais ce n'est pas (3).
　ジャンはトマに自分がカフェで仕事をしていることを伝えたあと、Et toi ?「それで君は？」とトマの近況を尋ねています。設問の文はトマの返答で、「ぼくはおもしろい仕事をさがしているんだ、でもそれは (3) ではない」という意味になります。選択肢の3つの形容詞、① facile「簡単な」、② jeune「若い」、③ libre「暇な、自由な」のうち、空欄にふさわしいのはどれでしょうか。正解はもちろん①の facile で、トマは mais ce n'est pas (facile)「でもそれは簡単じゃない」と述べています。得点率は 50% でした。

(4) Je (4).
　「おもしろい仕事をさがしているけど、簡単じゃない」というトマに対し、ジャンが何か言っている部分です。選択肢の動詞は、主語の Je に合わせ、1人称単数の活用形が用いられています。① choisis は choisir「選ぶ」、② comprends は comprendre「わかる、理解する」、③ réponds は répondre「返事をする」ですが、Je (choisis).「ぼくは選ぶ」や Je (réponds).「ぼくは返事をする」では、意味の通る応答にはなりません。ジャンはここでは、トマの仕事さがしが簡単ではないことに理解を示して Je (comprends).「わかるよ」と述べており、②が正解です。このあと、ジャンがつづけて、Bonne chance, alors.「じゃあ、がんばって（幸運を祈っているよ）」とトマを励ましていることも、②を選ぶヒントになりそうです。得点率は 54% でした。

　問題7全体の得点率は 59% でした。
　解答　(1) ②　　(2) ①　　(3) ①　　(4) ②

聞き取り試験
解説・解答

1　フランス語の文(1)〜(5)を聞き取り、その応答として適切なものを選ぶ問題です。
（読まれる文）

---
(1) Comment allez-vous ?
(2) Il est français ?
(3) Il fait beau aujourd'hui ?
(4) Tu n'as pas froid ?
(5) Quel jour sommes-nous ?

解　説

(1) Comment allez-vous ?「ごきげんいかがですか」

設問文の動詞は aller ですが、ここでは場所を示す表現がありませんから、「〜へ行く」ではなく、「健康状態が〜である」という意味で用いられていることになります。「お元気ですか」という意味で相手の体調を尋ねる定型表現で、Comment allez-vous ? や Comment vas-tu ? のほか、Comment ça va ? のように言うこともあります。② Je vais bien.「元気です」が正解です。① En train. は「列車で」という意味ですから、こちらは、たとえば場所の表現とともに、Comment allez-vous à Paris ?「パリにはどのようにして行くのですか」と尋ねられたような場合の応答になります。得点率は80％でした。

(2) Il est français ?「彼はフランス人ですか」

この文の français は「フランス人の」という意味の形容詞です。肯定の疑問文ですから、応答は選択肢① Non と② Oui のどちらも可能です。判断のポイントは、il est につづく形容詞の意味ということになり、① Non, il est italien.「いいえ、彼はイタリア人です」が正解です。② Oui, il est grand.「はい、彼は背が高いですよ」では、フランス人かどうかを尋ねる質問の答えにはなりません。得点率は95％でした。

169

(3) Il fait beau aujourd'hui ?「きょうは天気がいいですか」

設問文は、非人称の主語 il を使って天候を尋ねている質問ですから、① Non, il pleut.「いいえ、雨が降っています」が正解です。② Oui, il est beau.「はい、彼はハンサムです（それは美しい）」は適切な応答にはなりません。beau はここでは「美しい」ではなく、「晴れた」という意味で使われていることに注意してください。反対に「天気が悪い」と述べるのであれば、Il fait mauvais. となります。①の動詞 pleut の不定詞（原形）は pleuvoir ですが、この動詞も、かならず非人称の il を主語にした形で用いられます。

この問題では、Il fait beau. という表現の全体を聞き取って「天気がよい」という文意を理解しなければならず、beau の音だけから判断しようとすると、うっかり②を選んでしまうことになりかねません。得点率は 51% でした。

(4) Tu n'as pas froid ?「君は寒くないの？」

設問文は ne ... pas を用いた否定の疑問文です。これに答えるには、**Non**, je n'ai pas froid.「うん、寒くないよ」、または **Si**, j'ai froid.「いや、寒いよ」のように non または si を用います。oui は使えませんから、② Oui, beaucoup. は除外されることになり、① Non, pas du tout.「うん、少しも（寒くないよ）」が正解です。(ne ...) pas du tout は「少しも～ない」という否定の強調の意味で使われる表現です。

Je ne comprends pas du tout.「全然わかりません」（『仏検公式基本語辞典』p.282）

得点率は 71% でした。

(5) Quel jour sommes-nous ?「（きょうは）何曜日ですか」

この文では、疑問形容詞 quel を用いた quel jour という言い方が「曜日」を尋ねる意味で用いられています。選択肢① Nous sommes contents. は「私たちは満足しています」、② Nous sommes lundi. は「月曜日です」という意味ですから、②が正解です。②の Nous sommes が「曜日」を表わす言い方になることに注意しましょう。quel jour「どの日」が「曜日」を尋ねているのか、それとも「日付」を尋ねているのかをはっきり区別したい場合は、semaine「週」や mois「月」などの語をおぎない、Quel jour de la semaine sommes-nous ?「何曜日ですか（＝週のうちのどの日ですか）」、Quel jour du mois est-ce aujourd'hui ?「きょうは何日ですか（＝月のうちのどの日ですか）」のように言うこともできます。得点率は 68％ でした。

問題 1 全体の得点率は 73％ でした。
解　答　(1) ②　　(2) ①　　(3) ①　　(4) ①　　(5) ②

2　フランス語の文 (1)〜(5) にふくまれる数を聞き取る問題です。
（読まれる文）

(1) Ce magasin ferme à vingt heures.
(2) Dix euros, s'il vous plaît.
(3) Nous sommes cinq.
(4) Elle a trois enfants.
(5) C'est la salle seize.

解　説
(1) Ce magasin ferme à vingt heures.「この店は 20 時に閉店します」
正解は 20 です。vingt は単独で用いるときは [vɛ̃ ヴァン] と発音しますが、この文では無音の h で始まる heures[œ:r ウーる] がつづいているため、vingt の語末の t の音が現れ、vingt heures の部分がひとまとまりに [vɛ̃tœ:r ヴァントゥーる] と発音されています。得点率は 64％ でした。

(2) Dix euros, s'il vous plaît.「10 ユーロになります」
正解は 10 です。dix euros は [dizøro ディズーろ] と発音します。dix の音は単独では [dis ディス] ですが、設問文の euro [øro ウーろ] のように、次に母音または無音の h で始まる語がつづくときは、音が [diz ディズ] に変わって次の語とひとつづきに発音します。得点率は 64％ でした。

(3) Nous sommes cinq.「私たちは 5 名です」
正解は 05 です。ここでは文の最後にくる数詞 cinq [sɛ̃:k サーンク] の音を聞き取るだけで解答できます。得点率は 87％ でした。

171

(4) Elle a trois enfants.「彼女には 3 人子どもがいます」
　正解は 03 です。trois [trwɑ トロワ] のあとに母音で始まる enfants [ɑ̃fɑ̃ アンファン] がつづいているため、2 つの語の間でリエゾンをおこないます。trois の s を [z ズ] と発音して次の母音とつづけ、trois enfants [trwɑzɑ̃fɑ̃ トロワザンファン] と発音します。得点率は 64% でした。

(5) C'est la salle seize.「16 番の部屋です」
　正解は 16 です。salle は「（共用の）部屋、ホール」という意味の名詞で、そのあとに置かれた数詞 seize [sɛ:z セーズ] が聞き取れれば解答できます。得点率は 69% でした。

　問題 2 全体の得点率は 70% でした。
　解　答　(1) 20　　(2) 10　　(3) 05　　(4) 03　　(5) 16

3　フランス語の文 (1)〜(5) を聞き取り、その内容に対応する場面を 5 つのイラストから選ぶ問題です。
（読まれる文）

------

(1) Monsieur, s'il vous plaît.
(2) J'ai sommeil.
(3) J'ai mal à la tête.
(4) À demain.
(5) Votre café, madame.

解　説
(1) Monsieur, s'il vous plaît.（男性に呼びかけて）「お願いします」
　設問文は、何か用があって男性に呼びかける場合の定型表現です。レストランで食事客が給仕の男性を呼びとめている ③ のイラストが正解です。得点率は 95% でした。

(2) J'ai sommeil.「眠たいな」
　avoir sommeil で「眠い」という意味になります。男性があくびをして

いる④のイラストが正解です。得点率は 80％ でした。『仏検公式基本語辞典』(p.25) には、設問文と同じような〈avoir＋名詞〉の熟語表現として以下の例があげられているので覚えておきましょう。

　　avoir faim　　空腹である
　　avoir soif　　のどが渇いている
　　avoir chaud　　暑い
　　avoir froid　　寒い
　　avoir raison　　正しい
　　avoir tort　　まちがっている

(3) J'ai mal à la tête.「頭が痛い」
　この問題の avoir mal (à)「（～が）痛い」も、(2)で見た〈avoir＋名詞〉の形をとる定型表現の 1 つです。設問文では前置詞 à のあとに la tête「頭」（女性名詞）がつづき、「頭が痛い」と述べています。一方、le dos「背中」（男性名詞）や les dents「歯」（複数名詞）がつづくときは、前置詞 à と定冠詞 le あるいは les が縮約され、「背中が痛い」「歯が痛い」はそれぞれ J'ai mal **au** dos. / J'ai mal **aux** dents. となります。正解は①、得点率は 80％ でした。

(4) À demain.「またあした」
　日常的なあいさつの表現の 1 つです。次の日にまた会うことになる相手に対し、別れ際に用います。demain のかわりに曜日でもよく、À lundi. は「じゃあ月曜日に」という意味になります。男性と女性があいさつを交わしている⑤のイラストが正解です。得点率は 87％ でした。

(5) Votre café, madame.（女性に向かって）「（ご注文の）コーヒーです」
　給仕の男性が女性客にコーヒーを差し出している②のイラストが正解です。得点率は 94％ でした。

　問題③全体の得点率は 87％ でした。
解　答　(1) ③　　(2) ④　　(3) ①　　(4) ⑤　　(5) ②

4 フランス語の文を聞き取り、2枚の絵から、それぞれの文の内容に合うものを選ぶ問題です。冠詞や形容詞、動詞の活用語尾などの音を手がかりに、男性形と女性形、単数形と複数形、肯定と否定を区別します。

(読まれる文)

(1) Ils ont un chien.
(2) Voilà des fleurs.
(3) Tu es étudiante ?
(4) Il n'y a rien.
(5) Je prends ce pantalon.

解 説

(1) Ils ont un chien.「彼らは犬を1匹飼っています」
　2つのイラストにはどちらも犬が1匹描かれていますが、①には飼い主の男性が1人、②では同じく男女のカップルがいます。文の主語はこの飼い主で、代名詞で表わせば、①が il「彼」、②が ils「彼ら」となります。聞き取りのポイントは、主語の代名詞につづく動詞 avoir の活用形の音です。avoir の活用形はすべて母音で始まっていますから、主語が il または ils の場合、動詞との間でリエゾンやアンシェヌマンが起こります。①のように男性が1人であれば、聞こえる音はアンシェヌマンにより il a [ila イラ] となります。一方、②のように主語が男性1人と女性1人であれば、リエゾンをおこなって ils ont [ilzɔ̃ イルゾン] となります。ここでは後者ですから、②が正解です。得点率は 77% でした。

(2) Voilà des fleurs.「ほら花がある」
　不定冠詞の音を聞き分けて、「花」が単数か複数かを判断します。une fleur [ynflœːr ユヌフルーる] ではなく des fleurs [deflœːr デフルーる] と発音されていますから、花瓶に何本かの花がさしてある②が正解です。得点率は 74% でした。

(3) Tu es étudiante ?（女性に向かって）「君は学生なの？」
　質問が向けられている学生が、男性か女性かを判断します。男性であれば étudiant [etydjɑ̃ エチュディヤン]、女性であれば女性形の語尾 -e がついて

étudiante [etydjɑ̃:t エテュディヤーント] ですが、ここでは語尾の [t ト] の音から、女性であることがわかり、②が正解です。得点率は 77% でした。

(4) Il n'y a rien.「何も入っていません」
　イラストを見くらべると、①は箱の中身があり、②はからです。設問文の ne ... rien は「何も～ない」という意味の否定表現ですから、rien [rjɛ̃ リヤン] の音が聞き取れれば、からの箱を描いた②が正解であることがわかります。得点率は 68% でした。

(5) Je prends ce pantalon.「このスラックスをいただきます」
　女性が買おうとしているスラックスが 1 つ（単数）なのか、それとも 2 つ（複数）なのかを判断します。設問文では、男性名詞 pantalon「スラックス」に指示形容詞がついています。単数であれば ce [s(ə) ス]、複数の場合は ces [se セ] の音になるので、この 2 つの音のちがいを聞き取るようにします。ここでは前者ですから、①が正解です。得点率は 82% でした。

　問題 4 全体の平均得点率は 75% でした。

解　答　(1) ②　　(2) ②　　(3) ②　　(4) ②　　(5) ①

配　点　表

筆記試験	1	2	3	4	5	6	7	小計	聞き取り	1	2	3	4	小計	計
	10点	10	8	8	8	8	8	60		10	10	10	10	40	100

学校別受験者数一覧

2015年度春季　＜大学・短大別出願状況＞

出願者数合計が10名以上の学校を抜粋しました（50音順）。

	学校名	合計		学校名	合計		学校名	合計
団体	愛知県立大学	17	団体	甲南大学	12	団体	東北学院大学	13
団体	愛知大学	15	団体	神戸大学	24		東北大学	14
団体	青山学院大学	78	団体	國學院大學	15		東洋大学	50
団体	茨城キリスト教大学	27	団体	国際教養大学	36	団体	獨協大学	103
団体	宇都宮大学	20		国際基督教大学	15		富山大学	29
	愛媛大学	12	団体	駒澤大学	13	団体	長崎外国語大学	41
団体	大分県立芸術文化短期大学	12	団体	首都大学東京	15	団体	名古屋外国語大学	78
団体	大阪教育大学	23		城西国際大学	13		名古屋大学	12
団体	大阪産業大学	11	団体	上智大学	85	団体	奈良女子大学	11
	大阪市立大学	12	団体	昭和女子大学	23		南山大学	36
団体	大阪大学	71	団体	白百合女子大学	84		新潟大学	18
団体	大阪府立大学	19	団体	椙山女学園大学	37		日本女子大学	21
団体	お茶の水女子大学	115	団体	成城大学	64		日本大学	165
団体	学習院大学	64	団体	聖心女子大学	28		広島大学	16
団体	鹿児島大学	11	団体	西南学院大学	78	団体	フェリス女学院大学	22
団体	神奈川大学	11	団体	専修大学	14	団体	福岡大学	34
団体	金沢大学	31	団体	創価大学	24		福山市立大学	16
団体	関西外国語大学	45		大東文化大学	30	団体	法政大学	104
	関西大学	48	団体	拓殖大学	67		北星学園大学	15
	関西学院大学	122	団体	千葉大学	39		北海道大学	13
団体	神田外語大学	10		中央大学	151		松山大学	16
	九州大学	18		中京大学	22	団体	武庫川女子大学	21
団体	京都外国語大学	97	団体	筑波大学	21		武蔵大学	45
団体	京都産業大学	75	団体	津田塾大学	36		明治学院大学	67
	京都大学	26	団体	帝京大学	23		明治大学	139
団体	共立女子大学	24	団体	東海大学	71		横浜国立大学	13
団体	金城学院大学	69		東京外国語大学	13	団体	立教大学	111
団体	熊本大学	10		東京女子大学	11		立命館大学	111
団体	慶應義塾大学	214		東京大学	74	団体	龍谷大学	16
団体	甲南女子大学	17	団体	同志社大学	44		早稲田大学	176

2015年度春季　＜小・中・高校・専門学校別出願状況＞

出願者数合計が5名以上の学校を抜粋しました（50音順）。

	学校名	合計		学校名	合計		学校名	合計
団体	埼玉県立伊奈学園総合高等学校	58		慶應義塾湘南藤沢中・高等部	5	団体	同志社国際中学校・高等学校	9
団体	大阪聖母学院中学校・高等学校	16	団体	神戸海星女子学院中学・高等学校	9	団体	同朋高等学校	10
団体	大妻中野中学校・高等学校	19	団体	兵庫県立国際高等学校	7		大阪市立西高等学校	8
	学習院女子中・高等科	6		岩手県立不来方高等学校	10	団体	日本外国語専門学校	32
団体	神奈川県立神奈川総合高等学校	14	団体	白百合学園中学高等学校	84	団体	福島県立福島南高等学校	8
団体	カリタス女子中学高等学校	56	団体	聖ウルスラ学院英智高等学校	81	団体	雙葉中学校・高等学校	7
	神田外語学院	6	団体	聖ドミニコ学園中学高等学校	29		大阪府立松原高等学校	6
団体	暁星国際学園小学校	6	団体	聖母被昇天学院中学校・高等学校	30		神奈川県立横浜国際高等学校	36
団体	暁星中学・高等学校	24		東京学芸大学附属国際中等教育学校	5	団体	立命館宇治中学校・高等学校	14
団体	慶應義塾高等学校	6		東京女子学院中学校高等学校	10	団体	早稲田大学高等学院	7

2015 年度秋季　　＜大学・短大別出願状況＞

出願者数合計が 10 名以上の学校を抜粋しました（50音順）。

	学校名	合計		学校名	合計		学校名	合計
団体	愛知県立大学	108	団体	神戸大学	15		東洋大学	57
	愛知大学	17	団体	國學院大學	10	団体	常葉大学	28
	青山学院大学	136	団体	国際教養大学	49	団体	獨協大学	98
	亜細亜大学	50		国際基督教大学	10		富山大学	29
	跡見学園女子大学	16		駒澤大学	18		長崎外国語大学	27
	茨城キリスト教大学	48	団体	静岡県立大学	14	団体	名古屋外国語大学	73
	岩手大学	23		静岡文化芸術大学	10		名古屋造形大学	24
団体	宇都宮大学	15		首都大学東京	12	団体	奈良女子大学	21
	大阪教育大学	26	団体	城西大学	15		南山大学	50
団体	大阪産業大学	10		上智大学	125		新潟大学	29
	大阪市立大学	10		昭和女子大学	16		日本女子大学	43
団体	大阪大学	90		白百合女子大学	132		日本大学	396
	大妻女子大学	13		杉野服飾大学	10		一橋大学	13
	岡山大学	14		椙山女学園大学	26		弘前大学	16
団体	沖縄国際大学	18		成城大学	213		広島修道大学	12
	小樽商科大学	18		聖心女子大学	71		広島大学	13
団体	お茶の水女子大学	78	団体	西南学院大学	91	団体	フェリス女学院大学	40
	学習院大学	132		専修大学	23		福岡女子大学	24
団体	金沢大学	43	団体	創価大学	16	団体	福岡大学	70
団体	関西外国語大学	59		大東文化大学	43		福島大学	15
	関西大学	63	団体	拓殖大学	314	団体	文京学院大学	17
	関西学院大学	103	団体	千葉大学	48		法政大学	110
団体	関東学院大学	10		中央大学	189	団体	北星学園大学	22
団体	九州産業大学	11		津田塾大学	26		北海道大学	12
	九州大学	23	団体	筑波大学	30		松山大学	27
	京都外国語大学	135		津田塾大学	42		宮崎大学	12
	京都産業大学	102	団体	帝京大学	22	団体	武庫川女子大学	132
	京都女子大学	30		東海大学	108		武蔵大学	44
	京都大学	23		東京外国語大学	24		武蔵野大学	45
団体	共立女子大学	42		東京学芸大学	10		武蔵野美術大学	32
	近畿大学	19		東京家政大学	23	団体	明治学院大学	87
団体	金城学院大学	72		東京大学	64		明治大学	192
	熊本大学	16		東京理科大学	23		横浜国立大学	11
	群馬大学	20		同志社女子大学	19		立教大学	152
団体	慶應義塾大学	384	団体	同志社大学	49	団体	立命館大学	115
	工学院大学	31		東北学院大学	24		龍谷大学	18
団体	甲南女子大学	15		東北大学	11		早稲田大学	409
団体	甲南大学	19	団体	東洋英和女学院大学	19			

2015 年度秋季　＜小・中・高校・専門学校別出願状況＞

出願者数合計が 5 名以上の学校を抜粋しました（50音順）。

	学校名	合計		学校名	合計		学校名	合計
団体	埼玉県立伊奈学園総合高等学校	37	団体	暁星中学・高等学校	21	団体	聖母被昇天学院中学校・高等学校	41
団体	大阪聖母女学院中学校・高等学校	12	団体	慶應義塾高等学校	11		東京学芸大学附属国際中等教育学校	6
	大妻中野中学校・高等学校	51		慶應義塾女子高等学校	5		東京女子学院中学校高等学校	25
団体	小林聖心女子学院高等学校	9		神戸海星女子学院中学・高等学校	46	団体	同志社国際中学校・高等学校	13
	学習院女子中・高等科	10		兵庫県立国際高等学校	8		日本外国語専門学校	23
団体	神奈川県立神奈川総合高等学校	22		岩手県立不来方高等学校	11		雙葉中学校・高等学校	6
団体	カリタス小学校	50		白百合学園中学高等学校	137	団体	雙葉中学校・高等学校	24
団体	カリタス女子中学高等学校	64		大阪府立住吉高等学校	9	団体	明治大学付属中野八王子中学校	5
	神田外語学院	12		聖ウルスラ学院英智小学校	67		神奈川県立横浜国際高等学校	29
	暁星国際学園小学校	10		成城学園中学校高等学校	5			
	暁星国際中学・高等学校	5		聖ドミニコ学園中学高等学校	45			

文部科学省後援
実用フランス語技能検定試験
2016年度版5級仏検公式ガイドブック
傾向と対策＋実施問題
（CD付）

定価（本体 1,800 円＋税）

2016 年 4 月 1 日 発行

編　者
発 行 者　　公益財団法人　フランス語教育振興協会

発行所　　公益財団法人　フランス語教育振興協会
〒102-0073 東京都千代田区九段北 1-8-1 九段101ビル 6F
電話（03）3230-1603　FAX（03）3239-3157
http://www.apefdapf.org

発売所　　（株）駿河台出版社
〒101-0062 東京都千代田区神田駿河台 3-7
振替口座 00190-3-56669番
電話（03）3291-1676（代）　FAX（03）3291-1675
http://www.e-surugadai.com
ISBN978-4-411-90269-6　C0085　￥1800E

落丁・乱丁・不良本はお取り替えいたします。
当協会に直接お申し出ください。
（許可なしにアイデアを使用し、または転載、
複製することを禁じます）
©公益財団法人　フランス語教育振興協会
Printed in Japan

1er
dim. 19 juin

2ème
dim. 17 juillet

2016

DIPLÔME D'APTITUDE
PRATIQUE AU FRANÇAIS

実用フランス語技能検定試験

春季	1次試験	6月19日(日)	申込開始	4月1日(金)
	2次試験	7月17日(日)	締切 郵送	5月18日(水)＊消印有効
			インターネット	5月25日(水)
秋季	1次試験	11月20日(日)	申込開始	9月1日(木)
	2次試験	2017年 1月22日(日)	締切 郵送	10月19日(水)＊消印有効
			インターネット	10月26日(水)

APEF

公益財団法人 フランス語教育振興協会 仏検事務局
TEL:03-3230-1603 E-mail:dapf@apefdapf.org
〒102-0073 東京都千代田区九段北1-8-1 九段101ビル

www.apefdapf.org